우리
신화에는
어떤 비밀이
숨어 있을까?

오른쪽 페이지 위쪽에는 시각장애인을 위한 음성변환출력용 바코드가 있습니다. 별도의 리더기를 이용하여 바코드를 읽으면 본문의 내용을 소리로 들을 수 있습니다.

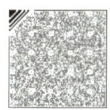

04 어린이 인문 시리즈 – 우리나라 신화 이야기

우리 신화에는 어떤 비밀이 숨어 있을까?

글 최래옥 | 그림 허구

| 들어가는 말 |

신화는 어떻게 생겨났을까요?

　이 세상에는 많은 생물이 살고 있습니다. 그중 사람은 생각하고 말하고 물건을 만들고, 그 만든 물건을 사용합니다. 그리고 더 풍요로운 삶을 위해 자연을 개척하고 우주를 탐구해 왔습니다.

　사람들이 그렇게 할 수 있었던 것은 끊임없이 질문을 하고 답을 찾으려고 했기 때문입니다. 사람들은 언제나 궁금한 것이 많습니다. 지금의 우리들도 궁금한 것이 많지 않습니까?

　우선 사람의 몸을 봅시다.

　"눈은 왜 둘입니까? 속눈썹은 왜 있습니까? 팔과 다리는 왜 두 개인가요? 감기에 걸리면 왜 콧물이 나옵니까? 왜 입술은 붉을까요? 늙으면 왜 주름살이 생기나요?"

　밖으로 눈을 돌려 보면 궁금한 것이 더 많습니다.

　"왜 하늘은 푸를까요? 왜 해는 아침에 올라왔다가 저녁에 사라질까요? 달은 왜 모양이 변하나요? 왜 하늘에는 별이 그리 많을까요? 왜 비가 올까요? 저 산이 왜 저기 있을까요? 왜 꽃은 모양이 다 다를까요? 왜 고래는 크고 송사리는 작을까요?"

눈에 보이지 않는 것에도 질문은 계속됩니다.

"사람은 어떻게 생겨났나요? 왜 남자와 여자가 생겼을까요? 나라는 처음 어떻게 생겼어요? 이 세상에는 왜 선한 일도 있고 악한 일도 있을까요? 사람은 죽으면 어디로 가나요?"

그러한 궁금증을 풀기 위해 사람은 생각하고 연구합니다. 그런 과정을 거쳐 학문과 과학, 예술이 생겨났고 '신화(神話)'도 생겨났습니다. 신화는 옛날 사람들이 생활에서 겪은 초자연적인 힘이나 현상들을 인간의 모습을 한 '신'과 연관시켜 상상 속에서 만든 이야기입니다.

특히 자연은 사람들에게 고마우면서도 두려운 존재였습

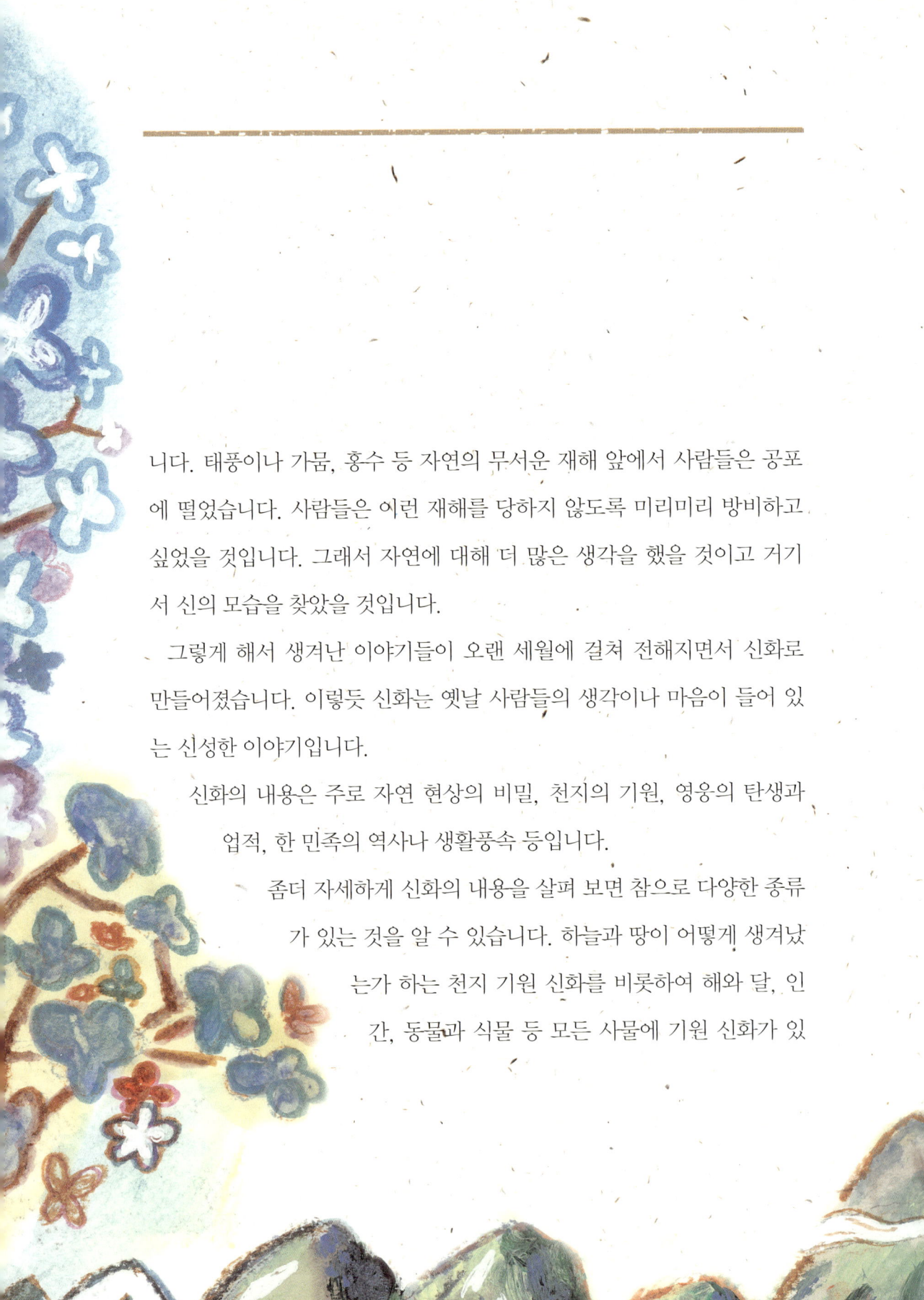

니다. 태풍이나 가뭄, 홍수 등 자연의 무서운 재해 앞에서 사람들은 공포에 떨었습니다. 사람들은 이런 재해를 당하지 않도록 미리미리 방비하고 싶었을 것입니다. 그래서 자연에 대해 더 많은 생각을 했을 것이고 거기서 신의 모습을 찾았을 것입니다.

그렇게 해서 생겨난 이야기들이 오랜 세월에 걸쳐 전해지면서 신화로 만들어졌습니다. 이렇듯 신화는 옛날 사람들의 생각이나 마음이 들어 있는 신성한 이야기입니다.

신화의 내용은 주로 자연 현상의 비밀, 천지의 기원, 영웅의 탄생과 업적, 한 민족의 역사나 생활풍속 등입니다.

좀더 자세하게 신화의 내용을 살펴 보면 참으로 다양한 종류가 있는 것을 알 수 있습니다. 하늘과 땅이 어떻게 생겨났는가 하는 천지 기원 신화를 비롯하여 해와 달, 인간, 동물과 식물 등 모든 사물에 기원 신화가 있습니다. 또 나라가 어떻게 세워졌는지를 이야기하는 건국 신화, 씨족 신화, 종교 신화, 무속 신화, 직업 신화, 인문 신화, 산천 신화 등 참으로 신화의 주제는 많습니다.

신화는 오랜 세월에 걸쳐 전해졌기 때문에 그 이야기를 만든 사람이 누군지 알 수 없습니다. 세월이 흐르는 동안 자연스럽게 여러 가지 주제가 한 이야기에 섞이게 됩니다. 사람들의 보편적인 생각이 비슷하게 표현되기도 합니다.

하지만 신화는 시대와 장소에 따라 다른 경우도 많습니다. 옛날에는 교통이 발달하지 않았기 때문에 한 민족이나 지역에서 만들어진 신화들이 그 안에서만 주로 전승되었습니다.

그래서 민족과 나라, 지역에 따라 다른 신화가 만들어졌습니다. 한국 신화, 일본 신화, 중국 신화, 인도 신화, 중동 신화, 그리스 신화, 로마 신화, 이집트 신화, 유럽 신화, 아프리카 신화,

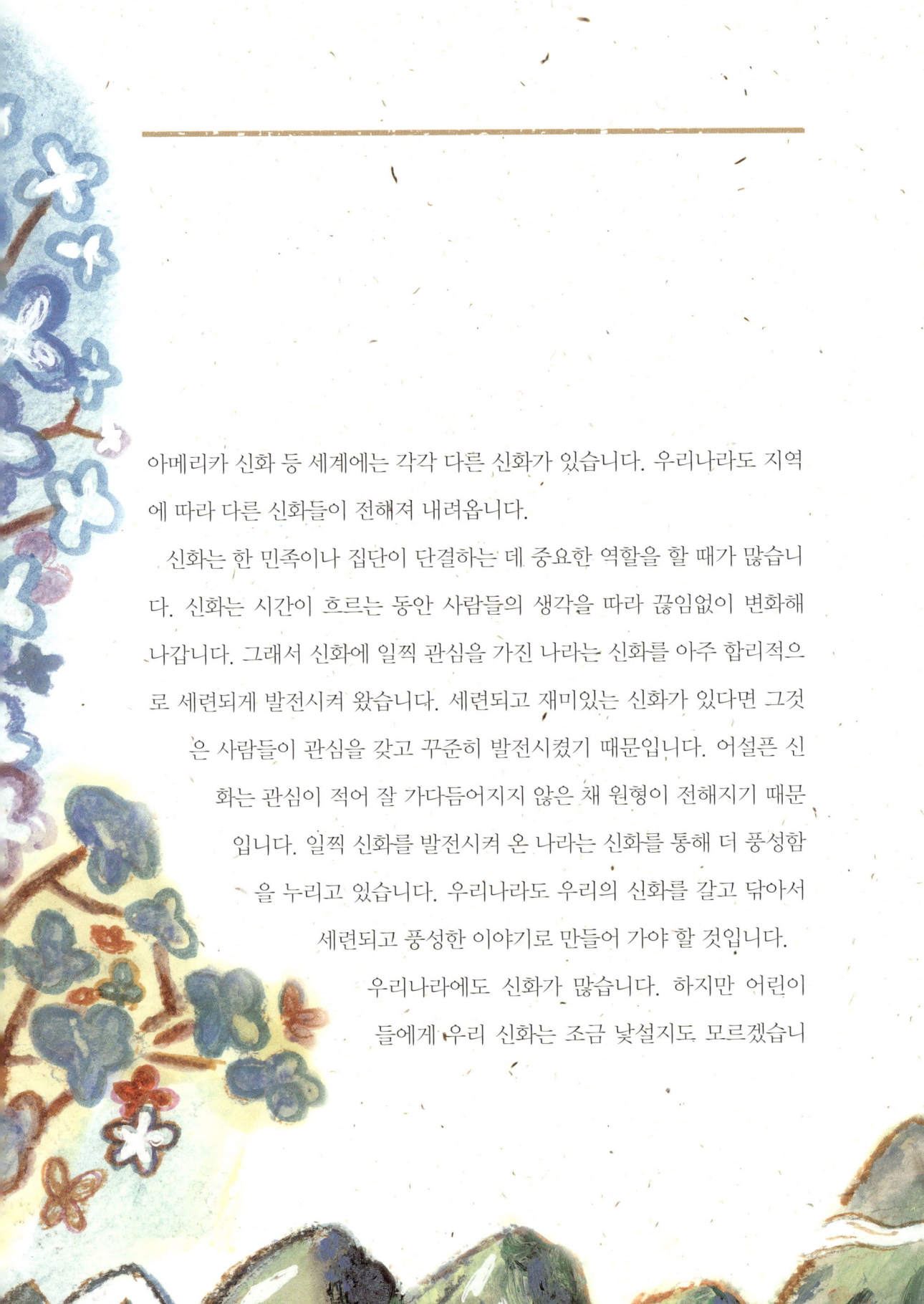

아메리카 신화 등 세계에는 각각 다른 신화가 있습니다. 우리나라도 지역에 따라 다른 신화들이 전해져 내려옵니다.

신화는 한 민족이나 집단이 단결하는 데 중요한 역할을 할 때가 많습니다. 신화는 시간이 흐르는 동안 사람들의 생각을 따라 끊임없이 변화해 나갑니다. 그래서 신화에 일찍 관심을 가진 나라는 신화를 아주 합리적으로 세련되게 발전시켜 왔습니다. 세련되고 재미있는 신화가 있다면 그것은 사람들이 관심을 갖고 꾸준히 발전시켰기 때문입니다. 어설픈 신화는 관심이 적어 잘 가다듬어지지 않은 채 원형이 전해지기 때문입니다. 일찍 신화를 발전시켜 온 나라는 신화를 통해 더 풍성함을 누리고 있습니다. 우리나라도 우리의 신화를 갈고 닦아서 세련되고 풍성한 이야기로 만들어 가야 할 것입니다.

우리나라에도 신화가 많습니다. 하지만 어린이들에게 우리 신화는 조금 낯설지도 모르겠습니다. 어린이들에게 우리나라 신화를 알려주고 싶어 이 책을 만들었습니다. 우리나라의 많은 신화 중에서 중요하다고 생각하는 신화를 뽑았습니다.

천지 창조 이야기, 단군 조선 이야기, 고구려를 세운 고주몽 이야기, 새로운 왕의 출현을 바라는 마음을 담은 둥구리 이야기, 진정한 행복이 무엇인가를 보여주는 당금애기 이야기, 삶과 죽음의 세계를 보여주는 바리데기 이야기, 산천이 생겨난 비밀을 알려주는 산방덕 이야기, 홍수 이야기를 이 책에 담았습니다. 그리고 그 신화들에 대해 좀더 알 수 있도록 해설을 붙였습니다.

아무쪼록 여러분이 우리나라 신화를 통하여 세상을 새롭게 해석해 보고, 옛사람들이 전하는 바람직한 삶이 무엇인지를 헤아려 보았으면 합니다.

2009년 8월, 최래옥

| 차 례 |

들어가는 말 신화는 어떻게 생겨났을까요? ················· 4

처음엔 하늘에 해와 달이 두 개였대요 ·············· 12
❶ 창세 신화 우리나라에도 창세 신화가 있나요? ················· 26

단군은 하늘나라 왕자의 아들이에요 ·············· 28
❷ 단군 신화 단군이 세운 나라는 어떤 나라인가요? ················· 40

주몽은 알에서 태어났어요 ·············· 42
❸ 건국 영웅 신화 주몽 신화에는 어떤 뜻이 숨어 있을까요? ················· 54

둥구리는 날개 달린 아기장수였어요 ·············· 56
❹ 민간 영웅 신화 아기장수 이야기의 수수께끼는 무엇인가요? ················· 68

당금애기는 부처님과 혼인했어요 ·········· 70
❺ 무속 신화 당금애기 이야기는 무엇을 말하려는 걸까요? ········ 84

바리공주는 아버지에게 버림을 받았어요 ········ 86
❻ 저승 신화 바리공주는 어떻게 해서 저승을 넘나들게 되었나요? ····· 116

산방덕이 하늘에서 내려와 산신이 되었어요 ·· 118
❼ 산천 신화 산천은 어떻게 생겨났나요? ·················· 134

홍수 후에 남매만 살아남았어요 ················ 136
❽ 홍수 신화 홍수 신화에 담긴 의미는 무엇인가요? ············ 150

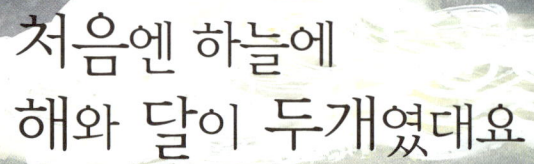

처음엔 하늘에
해와 달이 두개였대요

　옛날, 옛날, 아득한 옛날, 하늘도 없고 땅도 없고 낮도 없고 밤도 없었습니다. 온누리가 그저 캄캄하였습니다. 하늘과 땅이 나뉘지 않고 한 덩어리로 맞붙어 있었기 때문입니다.

　그러던 어느 날, 그 한 덩어리에 작은 실금이 났습니다. 시간이 흐르자 이 실금이 차츰 차츰 벌어졌습니다. 처음에는 실금이던 것이 점점 더 벌어져 작은 틈새가 만들어졌습니다. 그러더니 윗덩어리가 위로 올라가기 시작하였습니다. 더 더 더, 올라갔습니다. 아랫덩어리는 아래로 내려가기 시작하였습니다. 더 더 더, 내려갔습

니다. 아래와 위가 까마득하게 멀어졌습니다.

윗것을 하늘이라고 불렀습니다. 아랫것을 땅이라고 불렀습니다. 이렇게 천지가 개벽을 한 것입니다.

그런 후에 하늘에서 무엇이 떨어졌습니다. 푸르디푸른 청이슬이 떨어졌습니다. 땅에서도 무엇이 솟아났습니다. 검디검은 흑이슬이 솟아났습니다.

이 청이슬과 흑이슬은 점점 단단해지며 막 움직였습니다. 그러다가 하늘에서 큰 소리가 나고 무엇인가가 윙윙 돌더니 붉은 덩어리 두 개가 생겼습니다. 뜨거웠습니다. 그리고 환하였습니다.

아, 또 하늘에서 무슨 소리가 났습니다. 이번에도 무엇인가가 윙윙 돌더니 덜 붉은 덩어리 두 개가 생겼습니다. 하지만 이번에는 찼습니다. 환하기는 했지만 먼저 나온 뜨거운 것만큼은 아니었습니다.

아, 또 하늘에서 일이 벌어졌습니다. 하늘 여기저기에서 윙윙 소리가 났습니다. 여기서도 윙윙, 저기서도 윙윙…….

그러자 작고 환하고 붉은 것들이 막 생겨났습니다. 하늘 여기저기에서 반짝반짝 빛났습니다.

하늘에서 이런 일이 벌어질 때 땅에서도 변화가 있었습니다. 하늘에서 내려온 청이슬과 땅에서 솟아난 흑이슬이 움직이며 굳어져 여러 가지 모양을 만든 것입니다.

먼저 하늘에서 내려온 청이슬이 어떻게 변화했는지 보겠습니다.

청이슬은 자루처럼 길쭉하게 늘어나더니, 두 군데가 잘록잘록하게 가늘어졌습니다. 맨 위 덩어리는 둥글고, 그 아래 덩어리는 갸

름하고, 맨 아래 덩어리는 길쭉하게 된 세 덩어리가 붙은 것처럼 되었습니다.

그러더니 맨 위 둥근 덩어리 꼭대기에 새까만 털이 났습니다. 그리고 털이 난 곳 밑에 구멍이 뚫렸습니다. 위에 두 개, 옆에 두 개, 가운데에 작은 구멍 두 개, 아래에 조금 큰 구멍 하나가 생겼습니다.

그 아래 갸름한 덩어리는 양 옆에서 길쭉한 방망이 같은 덩어리 둘이 쑥 삐져 나왔습니다.

맨 아래 길쭉한 덩어리에서도 기다란 몽둥이 같은 것 둘이 아래로 쑤욱 나왔습니다.

그러더니 뚫린 구멍에서는 숨을 쉬고, 뭐라 뭐라 소리를 내고, 방망이와 몽둥이 같은 것들은 움직였습니다.

도대체 이것은 무엇일까요?

맞습니다. 바로 사람입니다.

맨 위 얼굴에 머리카락, 눈, 귀, 콧구멍, 입이 있고, 몸통에 두 팔이 있고, 맨 아래에 두 다리가 있는 것, 곧 우리 사람입니다.

이제 사람이 말을 했습니다.

"하늘에서 나온 뜨겁고 환하고 붉은 것을 '해'라고 하자. 또 나중에 나온 차고 훤한 것을 '달'이라고 하자. 그리고 맨 마지막으로 여기저기에 나온 작고 반짝거리는 것을 '별'이라고 하자."

이렇게 해서 하늘에 해 둘과 달 둘과 많은 별들이 생겼습니다. 땅에는 사람이 살고요.

아 참, 땅에서 솟아난 흑이슬을 잊어버리지는 않았겠지요?

흑이슬은 이리 꿈틀 저리 꿈틀, 요리 비틀 조리 비틀, 여기서 둥글고 저기서 구르고, 요렇게 갸름하고 조렇게 길쭉하고, 이쪽은 말랑말랑하고 저쪽은 뻣뻣딱딱하고……. 이렇게 하여서 짐승도 되고, 새도, 물고기도, 벌레도, 나무도, 풀도, 꽃도 되었습니다. 심지어 귀신도 되었습니다.

해가 있을 때는 낮입니다. 땅 위의 것들은 말하고 노래하고 춤추고 마냥 즐거웠습니다.

새나 짐승들은 각자 다른 소리를 냈습니다. 왁자지껄하였습니다. 땅에는 활기가 가득하였습니다.

그런데 이내 새들이 울지 않았습니다. 달리던 말도, 걸어가던 소도 제자리에 섰습니다. 호랑이도 묵묵히 있습니다. 활기차던 이 땅이 마치 멈춘 듯했습니다. 나중에는 몸을 비비배배 비틀고 할딱거렸습니다.

왜 그럴까요? 너무 뜨거워서 그랬습니다. 왜 뜨거웠을까요? 하늘에 해가 둘이라서 뜨거웠습니다.

이제 밤이 되었습니다.

다들 추워서 몸을 웅크렸습니다. 으스스스, 몸을 웅크리고 으스스, 오들오들 떨었습니다. 노래는 없어지고 다들 춥다고 야단이었습니다.

왜 그럴까요? 너무 추워서 그랬습니다. 왜 추울까요? 하늘에 달이 둘이라서 추웠습니다.

며칠 동안 그렇게 뜨겁고 춥고 하였습니다. 낮에는 사람이 타서 죽고 밤에는 얼어서 죽었습니다. 달리는 짐승도 타서 죽고 얼어서 죽고, 날아가는 새도 타서 죽고 얼어서 죽고……. 막 죽어 갔습니다. 나무도 말라서 죽고 얼어서 죽고, 풀도 말라서 죽고 얼어서 죽고……. 심지어 귀신도 말라서 죽고 얼어서 죽고……. 다들 죽어 갔습니다. 이제 땅 위에는 활기는커녕 여기저기 죽음이 가득하였습니다.

하늘에 있는 옥황상제가 이를 보고 말했습니다.

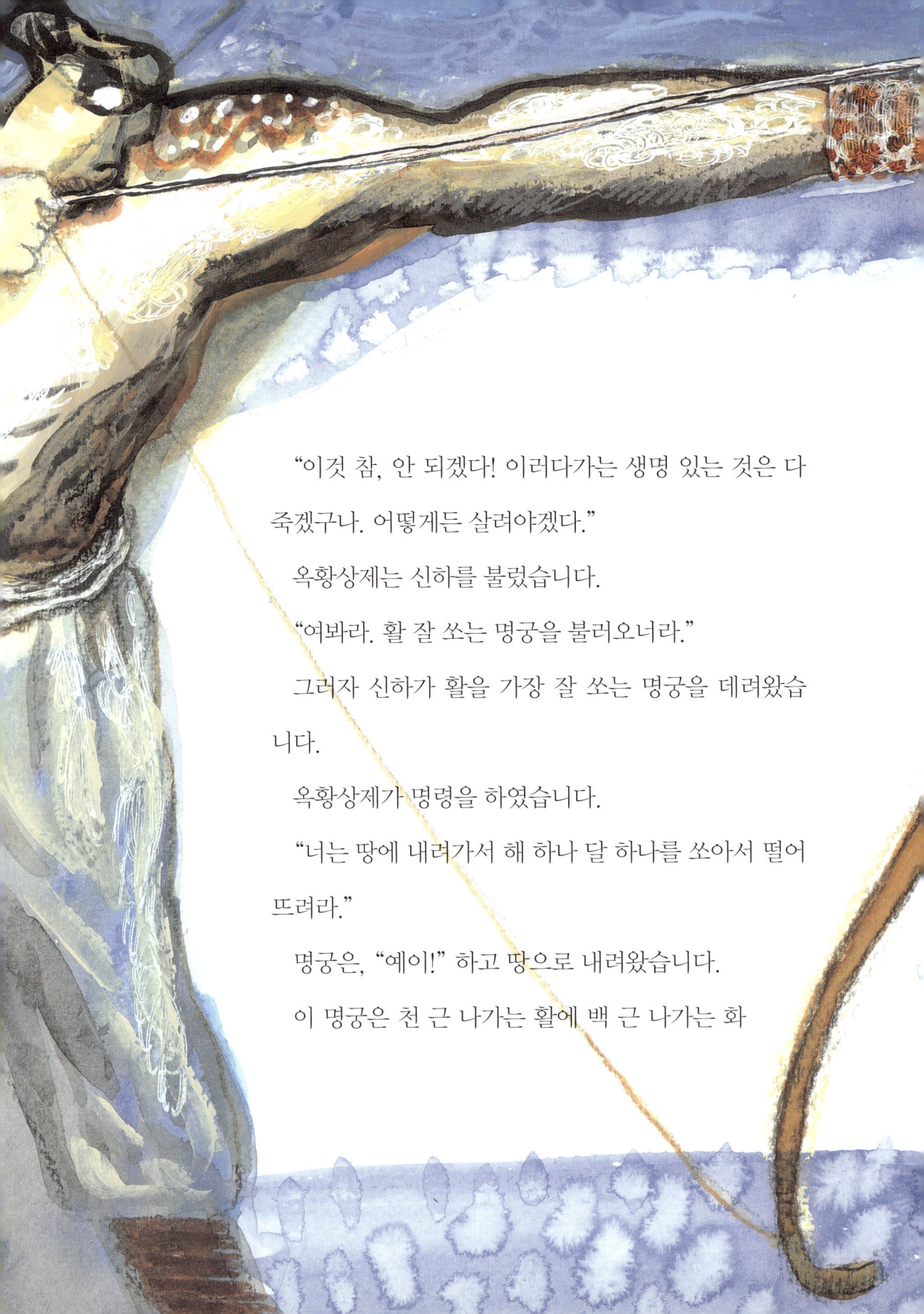

"이것 참, 안 되겠다! 이러다가는 생명 있는 것은 다 죽겠구나. 어떻게든 살려야겠다."

옥황상제는 신하를 불렀습니다.

"여봐라. 활 잘 쏘는 명궁을 불러오너라."

그러자 신하가 활을 가장 잘 쏘는 명궁을 데려왔습니다.

옥황상제가 명령을 하였습니다.

"너는 땅에 내려가서 해 하나 달 하나를 쏘아서 떨어뜨려라."

명궁은, "예이!" 하고 땅으로 내려왔습니다.

이 명궁은 천 근 나가는 활에 백 근 나가는 화

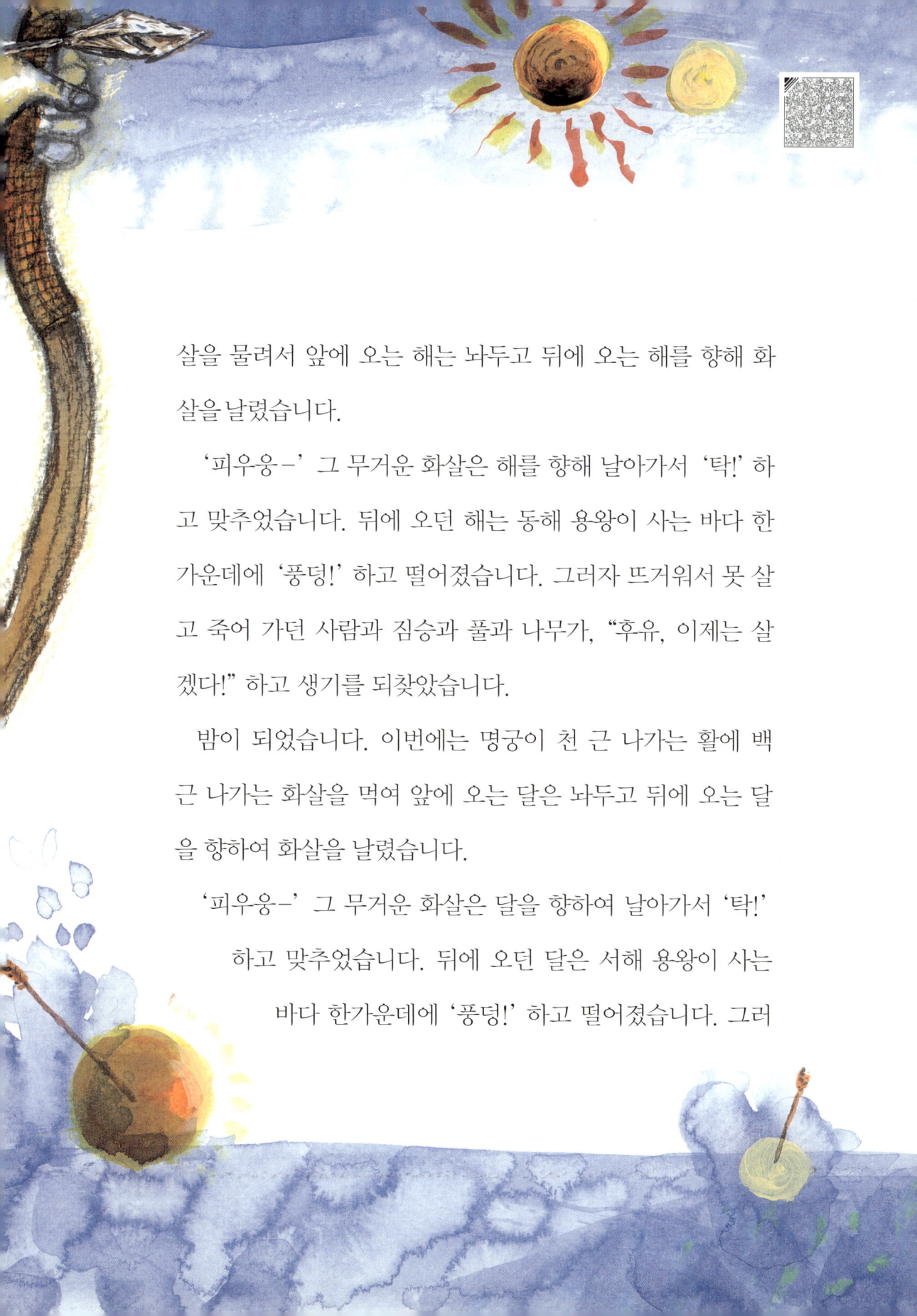

살을 물려서 앞에 오는 해는 놔두고 뒤에 오는 해를 향해 화살을 날렸습니다.

'피우웅-' 그 무거운 화살은 해를 향해 날아가서 '탁!' 하고 맞추었습니다. 뒤에 오던 해는 동해 용왕이 사는 바다 한가운데에 '풍덩!' 하고 떨어졌습니다. 그러자 뜨거워서 못 살고 죽어 가던 사람과 짐승과 풀과 나무가, "후유, 이제는 살겠다!" 하고 생기를 되찾았습니다.

밤이 되었습니다. 이번에는 명궁이 천 근 나가는 활에 백 근 나가는 화살을 먹여 앞에 오는 달은 놔두고 뒤에 오는 달을 향하여 화살을 날렸습니다.

'피우웅-' 그 무거운 화살은 달을 향하여 날아가서 '탁!' 하고 맞추었습니다. 뒤에 오던 달은 서해 용왕이 사는 바다 한가운데에 '풍덩!' 하고 떨어졌습니다. 그러자 추워서 못 살고 죽어 가던 밤에 나온 사람과 짐승과 풀과 나무가, "후유, 이제는 살겠다." 하고 생기를 되찾았습니다.

아, 이래서 땅에 사는 것들은 다들 활기를 되찾았습니다.

이제 무서울 것이 없습니다. 죽을 일이 없습니다. 공포도 사라졌습니다. 타서 죽고 얼어서 죽을 일이 없어지니 정말 살맛이 났습니다. 모든 것이 자유롭습니다.

사람도 말하고, 짐승도 말하고, 새도 말하고, 물고기도 말하고, 나무도 말하고, 꽃도 말하고, 귀신도 말하고……. 이 얼마나 좋습니까? 드디어 이 땅에 자유와 평화가 온 걸까요?

아닙니다. 자유는 왔지만 평화는 아직 오지 않았습니다.

말하는 자유는 있는데, 말 때문에 뒤죽박죽이 되어 평화롭지 못한 것입니다.

"토끼야!" 부르면 돼지가 "응!" 하고 나오고,

"너구리야!" 부르면 소나무가 "뭐라고?" 하고 대답하고,

"도미야, 저리 가!" 하면 꾀꼬리가 "이리 간다." 하고 나서고,

"귀신아, 놀자." 하면 해바라기꽃이 "안 놀아." 하고…….

다들 이렇게 말을 하니까 왁자지껄하고 시끌시끌하였습니다.

다 자기들이 잘났다고 하면서 남을 무시하고, 자기만 내세우고, 자기 잇속만 챙기고, 도무지 남을 이해하고 받아들이려 하지 않았습니다.

다들 "나, 나, 나만 살고, 나만 먹으면 그만……." 하였습니다.

"우리, 우리, 우리들이 함께 잘 살아야지……." 하는 말은 없었습니다. 다들 뒤죽박죽, 서로 싸웠습니다. 그러다 보니 다치고 죽는 일도 생겼습니다.

해가 하나고 달이 하나고 뭇별이 반짝반짝하여 좋은 세상이 되었는데, 이제 살 만하게 되었는데, 다들 자기만 최고고 저만 살겠다고 욕심을 부리니까, 이전에 얼어 죽고 타서 죽을 때만큼 살기가 나빠졌습니다. 사람이며 귀신이며 동물이며 서로 서로 싸우는 바람에 이 세상은 뒤죽박죽 혼돈 세상이 되고 말았습니다.

도대체 질서가 없었습니다. 자유가 있다고 한들 질서가 없으면 평화가 없답니다. 자유도 있고 질서도 있어야 평화가 있습니다.

사람들은 사람 아닌 것들에게 제발 싸우지 말고 욕심을 내지 말라고 말리고 타이르고 얼르고 달랬지만, 사람 아닌 것들은 싸우느라고 정신이 없었습니다.

옥황상제가 이것을 보고 참다 참다 못하여 '정종 화장녀'라는 사람을 저승에서 불러내 질서를 잡도록 명령하였습니다.

정종 화장녀는 우선 땅 속 '저승'과 땅 위 '이승'으로 나누었습니다. 붉은 것은 저승으로 보내고, 흰 것은 이승으로 보내고, 귀신은

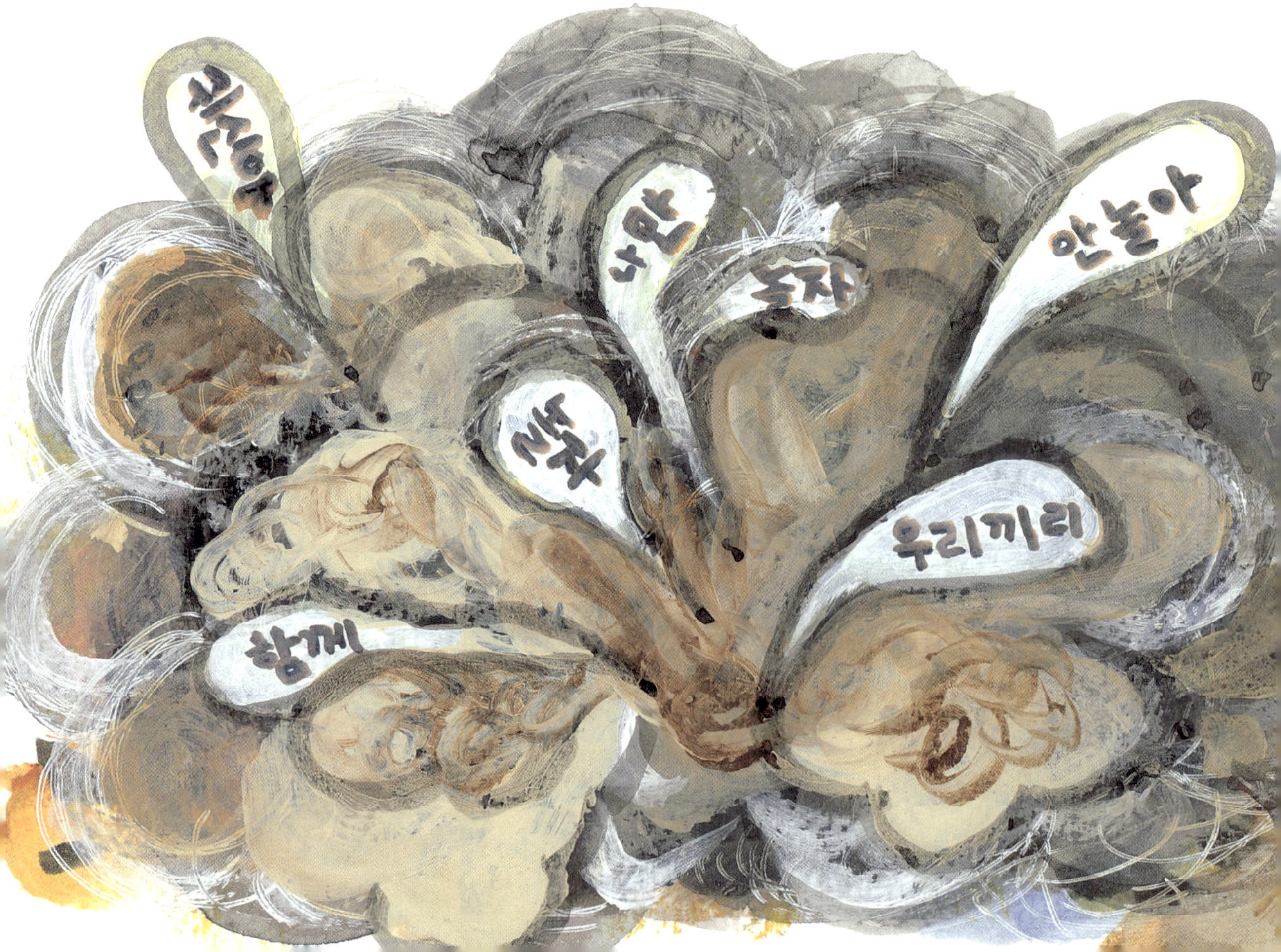

저승으로 보내고, 사람은 이승으로 보냈습니다.

그런 다음 옥황상제는 가랑비를 땅에 내렸습니다. 서로 싸우느라고 목이 말랐던 모든 것들이 "마침 비가 오니 목을 적시자, 잘 되었다." 하고 혀를 내밀어 가랑비를 받아먹었습니다. 어떤 놈은 많이, 어떤 놈은 적게 먹었습니다.

그런데, 이 가랑비에는 혀가 굳어지게 하는 비밀이 있었습니다. 가랑비를 많이 먹은 놈은 말을 못하게 되었습니다. 조금 먹은 놈은 말을 조금 하는데, 그저 이런 정도였습니다.

"어어흥, 음매애, 멍멍멍, 히히히잉, 냐옹, 지지배배, 꾀꼴꾀꼴, 꼬끼오, 소쩍소쩍, 뻐꾹뻐꾹, 까악까악, 부엉부엉, 개굴개굴, 맹꽁맹꽁, 맴맴맴, 쓰르쓰르쓰르, 귀뚤귀뚤……."

이 정도로 소리를 낸 것만도 감사해서 짐승이나 새들은 감사의 노래를 부르고 있습니다.

사람은 그들이 싸우는 것을 열심히 말리느라고 가랑비를 먹을 시간이 없었습니다. 가랑비를 먹지 못해 다행히 혀가 굳지 않았습니다. 그런데 여럿과 싸우고, 또 여럿을 말리던 그때의 말이 그대로 남았습니다. 그래서 사람의 말 중에는 부드러운 말과 듣기 좋은 말도 있지만, 거친 말과 듣기 안 좋은 말도 있는 것입니다.

그 뒤 천황 씨가 훌륭한 사람 열두 명을 보내고, 또 지황 씨가 훌륭한 사람 열한 명을 보내고, 다음 인황 씨가 훌륭한 사람 아홉 명을 보내서, 사람들에게 불 피우는 법, 농사 짓는 법, 예의범절을 지키는 법, 혼인하는 법 등을 가르쳐 주었습니다.

이때부터 비로소 우리 인간 세상이 제대로 모습을 갖추게 되었

습니다.

까마득한 옛날 천지개벽 때 지금 오늘의 세상만사를 다 정하였다니 놀랍지 않습니까?

해가 왜 있나요? 달이 왜 하나인가요? 쓰르라미는 왜 쓰르쓰르 울고, 매미는 왜 맴맴 우나요? 왜 사람만 말하나요? 사람이 쓰는 말에는 왜 거친 말이 있을까요?

이 이야기에 그 답이 다 들어 있답니다.

생각해 봅시다

> 신화 이야기 ① 창세 신화

우리나라에도 창세 신화가 있나요?

이 이야기는 창세 신화(創世神話)입니다. '창'은 창조며 '세'는 세상이니까, 천지와 인간 세상이 만들어진 이야기입니다. 달리 천지개벽 신화라고도 합니다.

사람들은 세상이 어떻게 생겨났을까 궁금해 하고 상상을 하기 시작합니다. 그러다 점점 시간이 지나면서 하나의 이야기를 만들게 됩니다. 그래서 이 세상에는 다양한 창세 신화가 존재합니다.

나라가 달라도 비슷한 내용이 있는 것은 인간이 보편적으로 한 생각을 하기 때문입니다. 하지만 모든 신화는 오랜 시간을 두고 지역의 특성에 따라 만들어졌기 때문에 나라나 지역마다 조금씩 다 다릅니다.

우리나라에도 다른 창세 신화가 있습니다.

이승과 저승을 다스리려고 형 미륵과 동생 석가가 싸우기도 하고, 형 대별왕과 동생 소별왕이 싸우기도 합니다. 미륵이나 대별왕은 슬기롭고 인자했지만 순진해서 간교한 동생에게 졌습니다. 간교한 동생은 이승을 다스리고 미륵과 대별왕은 이 세상 통치권을 내주고 저승으로 가서 저승의 왕이 되었습니다.

외국의 창세 신화는 어떠한지 볼까요.

그리스 신화에서는 태초에 맨 먼저 거대한 혼돈의 늪(카오스)이 있었고, 그 다음에 하늘과 땅이 분리되고 질서가 잡힌 우주(코스모스)가 만들어졌다고 합니다. 그 후 대지(가이아)와 지하의 암흑세계(타르타로스), 그리고 사랑(에로스)

이 생겨났습니다.

　메소포타미아 신화를 보면, 천지는 거대한 용의 모양을 한 짠물의 여신 티아마트 몸으로 만들어졌습니다. 티아마트는 참물의 신 아프스와 혼인하여 신들의 조상이 되었는데, 후에 신들에게 죽어 두 동강이 났습니다. 이때 상반신은 하늘이 되고, 하반신은 대지가 되고, 머리와 유방은 산이 되고, 두 눈에서 나온 눈물이 티그리스 강과 유프라테스 강이 되었다고 합니다.

　북유럽 신화를 보면, 세 기둥 신인 형제 신 오딘과 빌리와 베가 협력하여 이 세계를 창조하였을 때, 해와 달과 다른 천체들을 세계의 남쪽 끝에 있는 화염의 세계 무스펠하임에서 날아온 불꽃을 가지고 만들었다고 합니다.

　창세 신화는 이렇듯 다양한 이야기로 만들어졌습니다.

　이런 창세 신화 속에는 숨은 의미가 있습니다.

　앞의 신화에서 보듯이 가뭄과 추위, 홍수가 심해서 산천초목이 말라비틀어지면 자연물의 하나인 사람도 말라비틀어집니다. 결국 사람은 자연의 산물이며, 하늘과 땅 없이는 존재할 수 없다는 것을 말해 주고 있습니다. 또 우리나라의 창세 신화 속에 간교한 자가 이승을 다스린다는 이야기는 이 세상에는 선과 악이 있음을 깨닫게 합니다.

　이렇듯 창세 신화에는 자연과 인간에 대한 생각이 녹아 있습니다. 이것은 외국 창세 신화도 마찬가지입니다. 세상이 어떻게 생겨났을까를 궁금해 하는 사람들이, 거대한 자연의 수수께끼를 풀어 가는 과정을 이야기로 만든 것이 창세 신화이기 때문입니다.

단군은 하늘나라 왕자의 아들이에요

옛날 하늘나라에 환인이라는 왕이 있었어요.

이 환인에게는 아들이 여럿 있었죠. 그중에 환웅 왕자는 하늘나라보다는 땅에 있는 인간의 나라에 더 관심이 많았어요.

환웅 왕자는 오늘도 저 밑, 땅을 바라보고 있었어요.

아버지 환인이 와서 물었어요.

"환웅아, 아직도 땅으로 내려가고 싶으냐?"

"예, 저는 인간의 나라에 가고 싶습니다."

"가서 무엇을 할지 생각해 보았느냐?"

"새 나라를 세우고 왕이 되겠습니다. 그리고 저들을 잘 다스리고 싶습니다."

하늘나라는 언제나 평화로웠어요. 현명한 왕이 있어 하늘나라를 잘 다스렸기 때문이었지요. 하지만 땅에는 아직 왕이 없었어요. 땅에 사는 인간들은 항상 굶주리고 짐승에게 쫓기며 하루하루를 고달프게 살아가고 있었어요.

"저곳에서 홍익인간의 나라를 세우고자 합니다."

"홍익인간이란 어떤 것이냐?"

"홍익인간은 '널리 인간을 이롭게 한다'는 뜻입니다. 모든 인간이 여기 하늘나라처럼 배를

주리지 않고 행복하게 살게 할 것입니다. 땅 위에 있는 모든 것, 예컨대 짐승이나 새나 물고기나 곤충이나 다 잘 살게 할 것이고, 산이며 강이며 나무며 풀도 다 온전하게 할 것입니다."

"음, 너의 뜻이 갸륵하구나. 네가 가기 좋은 곳을 살펴보도록 하자."

환인은 섭섭했지만 아들을 보내기로 했어요.

어느 날 아들을 불렀어요.

"자, 거울과 칼과 방울을 받아라."

환웅 왕자는 공손히 받으며 물었어요.

"어째서 이것을 저에게 주십니까?"

"이 세 가지는 네가 땅으로 내려가 왕이 되어도 좋다는 뜻으로 주는 것이다. 이 세 가지를 가리켜 '천부인(天符印)'이라고 한다."

"천부인을 잘 간직하겠습니다."

"나라를 다스리려면 인간이 할 일이 있다."

환인은 환웅 왕자를 데리고 궁정에 나아가 3천 명이나 되는 무리들에게 일렀어요.

"이제 너희들은 이곳을 떠나라. 환웅 왕자를 따라 땅으로 내려가

새 나라를 세워야 한다."

맨 앞에 바람을 주관하는 정승인 풍백, 비를 주관하는 정승인 우사, 그리고 구름을 주관하는 정승인 운사가 있었어요. 그 뒤에는 곡대신, 명대신, 병대신, 형대신, 선악대신의 다섯 대신이 있었어요. 곡대신은 곡식에 관한 것을 다스리고, 명대신은 나라의 생명에 관한 것을 다스리고, 병대신은 백성의 건강을 담당하고, 형대신은 죄와 법을 다스려요. 선악대신은 교육을 담당하는 대신이에요.

환인은 환웅 왕자에게 일 년 삼백육십 일 동안에 할 일 360가지의 일을 세세하게 알려 주었어요. 하루라도 실수 없이 완전하게 나라를 다스리도록 하기 위해서 그 360가지를 담당할 관리를 두도록 했어요.

모든 준비가 끝나자 환웅 왕자는 하늘나라를 떠나 땅으로 내려왔어요. 3천 명의 부하가 그 뒤를 따랐지요. 그들이 도착한 곳은 태백산이었는데, 환웅은 거기에 새로운 나라를 세우기로 했어요.

태백산에는 큰 나무가 있었어요. 환웅은 이 나무를 나라를 상징하는 신성한 나무로 정하고 '신단수'라 이름지었어요. 신단수는 '신비롭고 밝은 나무'라는 뜻이에요. 그리고 그 자리를 '신시'라고

했어요. '신성한 터', '깨끗한 고을', 그리고 아버지의 하늘나라를 이 땅에도 아들이 '새로이 세운다'는 뜻이었어요.

환웅 왕자는 이제 왕이 되었어요.

환웅 왕은 환인 부왕에게 교육받은 대로 세 정승, 다섯 대신, 360가지의 일을 담당할 관리를 두고 빈틈없이 나라를 다스렸어요. 백성에게 농사짓는 기술을 가르쳐 주어 백성들이 배불리 먹을 수 있게 되었어요. 옷감 짜는 기술도 가르쳐 주어 추위에 떨지 않게 되었어요.

온 백성은 기뻐했어요. 나라는 점점 부강해지고, 신시를 중심으로 땅도 넓어졌어요. 태백산 신시 주변이 다 환웅 왕의 땅이 되어 갔어요.

그러던 어느 날 곰과 호랑이가 찾아와 환웅 왕에게 말했어요.

"우리는 사람이 되고 싶습니다. 어찌하면 사람이 될 수 있습니까?"

환웅 왕은 자신을 찾아온 곰과 호랑이를 기특하게 여겨 방법을 일러 주었어요.

"깜깜한 굴속에서 100일을 견디도록 하오. 또한 굴속에서 다른

것은 먹지 말고 오로지 쑥과 마늘만 먹어야 하오."

곰과 호랑이는 쑥과 마늘을 가지고 굴속으로 들어갔어요.

굴속은 깜깜했어요. 마늘은 무척 매웠어요. 쑥도 질기고 맛이 없어서 도무지 먹을 수가 없었어요.

호랑이가 '퉤퉤' 하고 뱉으며 말했어요.

"으, 도저히 먹을 수가 없어."

곰은 억지로 꿀꺽 삼키며 말했어요.

"우리가 사람이 되었을 때의 모습을 생각해 봐. 그럼 좀 견딜 수 있을 거야."

호랑이는 칼을 차고 늠름한 장군이 된 자신의 모습을 생각했어요. 그러면서 마늘과 쑥을 먹었어요.

"곰아, 너는 어떤 사람이 되고 싶어?"

"나중에 알게 될 거야."

곰은 수줍게 웃으며 말꼬리를 흐렸어요.

둘은 사람이 되고 싶은 마음으로 잘 참아 냈어요. 자꾸 시간이 지났어요. 평소 고기를 먹고 살던 곰과 호랑이는 마늘과 쑥만 먹고 살려니까 견디기 힘들었어요.

숲 속을 휘젓고 다니며 사냥을 하던 호랑이가 말했어요.

"쑥과 마늘을 먹으면 사람이 된다고? 이런 일은 애초부터 너와 내가 할 수 있는 일이 아니었어."

"조금만 더 참아 보자. 아직 100일이 안 됐잖아?"

그렇게 또 얼마가 지났어요.

"아무래도 환웅 왕은 우리가 사람이 될 수 있는 방법을 가르쳐 준 게 아닌 거 같아."

호랑이가 실망에 가득 차서 말했어요.

"환웅 왕이 거짓말을 했을 리가 없어. 우리 조금만 더 참아 보자. 사람이 되기로 결심했으면 이 정도의 어려움은 이겨 내야 되지 않겠어?"

곰의 설득으로 호랑이는 겨우 마음을 돌렸어요. 힘들기는 곰도 마찬가지였어요. 그래도 곰은 참을성이 많았어요.

"사람이 되기 전에 굶어 죽고 말 거야. 그렇게 억울하게 죽을 수는 없어!"

결국 호랑이는 참지 못하고 굴 밖으로 뛰쳐나가고 말았어요.

곰은 혼자 남아 쑥과 마늘만 먹으며 굴속에서 견뎠어요. 곰은 굴

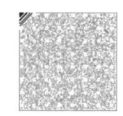

밖으로 뛰쳐나가고 싶을 때마다 사람이 된 자신의 모습을 그려 보았어요. 곰은 어여쁜 여자가 되고 싶었어요. 결혼해서 아기를 낳고 싶었어요. 그 모습을 생각하며 하루하루 넘겼어요.

처음엔 먹을 수 없을 것 같던 마늘과 쑥도 먹다 보니 몸이 개운해지는 것 같았어요. 깜깜한 동굴 속에서 마늘과 쑥을 먹고 또 먹었어요.

어느덧 21일째가 되었어요. 곰은 너무 지쳐 깊은 잠을 잤어요. 마치 죽은 것 같았어요. 그러다 추워서 잠을 깼어요.

"이제는 춥기까지 하네."

곰은 자세를 바꿔 보려고 몸을 일으켰어요. 어, 그런데 이전처럼 몸이 움직여지지 않았어요. 순간 털가죽이 사라진 매끈한 다리가 보였어요.

"오, 환웅 왕의 말대로 사람이 되었어!"

곰 사람은 밖으로 나갔어요. 깜깜한 굴속에 있었기 때문에 잠깐 눈이 부셨으나 곧 앞이 보였어요.

개울가로 갔어요. 목도 말랐지만 자신의 모습을 비춰 보고 싶었어요. 맑은 물 위로 아름다운 여인의 얼굴과 몸매가 비쳤어요.

"내가 꿈꾸던 여인이 되었어!"

곰 여인은 너무 기뻐 환웅에게 달려갔어요.

환웅은 아리따운 여인이 곰이었다는 것을 금세 알아보았어요. 그래서 곰 여인에게 옷을 주어 입게 했어요.

"오랫동안 잘 참아 주었소. 정말 장하오. 호랑이가 떠나간 것은 대단히 섭섭하지만 그대는 이제 곰이 아니라 한 여인이 되었소. 그대의 끈기와 믿음이 사람이 되게 한 것이오."

환웅은 곰 여인에게 '웅녀'라는 이름을 지어 주었어요.

웅녀는 사람이 되었지만 자신이 원하던 소원이 모두 이루어진 것은 아니었어요.

웅녀는 다시 기도를 시작했어요.

"저는 결혼을 해서 아기를 낳고 싶어요."

웅녀는 신단수 아래에서 매일 기도를 했어요.

"저는 사람으로 다시 태어났습니다. 그것도 제가 원하던 여자로 태어났어요. 여자로 태어났다면 결혼을 해서 아기를 낳아야 하는 것 아닌가요. 저를 여자로 변하게 하셨으니 결혼하고 아기를 낳게 해 주세요. 행복한 가정을 꾸리도록 해 주세요."

　웅녀는 간절히, 정말 간절히 빌었어요.

　그러던 어느 날이었어요.

　환웅 왕이 눈앞에 서 있었어요.

　"나와 혼인을 하도록 하오. 당신의 간절한 기도가 나의 마음을 움직였소."

　환웅과 웅녀가 혼인한 후, 둘 사이에서 아들이 태어났어요.

　아들의 이름을 단군이라 했어요.

　단군은 환웅의 뒤를 이어 신시를 더욱 잘 다스렸어요. 그리고 나라의 이름을 '조선'이라 지었어요.

생각해 봅시다

신화 이야기 ② 단군 신화

단군이 세운 나라는 어떤 나라인가요?

단군 신화는 두 대목으로 나눌 수 있습니다.

첫째는 이 땅에 하늘나라를 세운다는 것인데, 그 정신이 홍익인간입니다. 홍익인간은 인간을 널리 이롭게 한다는 뜻이니까, 인간을 행복하게 만들어 준다는 말입니다. 그런데 홍익인간 정신에는 인간만이 아니라 모든 자연과 동식물, 천체 기상도 들어 있습니다. 나라를 만들려면 사람만이 아니라 이 모든 것이 있어야 하기 때문입니다. 환웅도 하늘에서 내려올 때 풍백과 운사와 우사를 데리고 왔습니다. 그러므로 홍익인간은 백성들을 편안하게 하고 자연도 돌본다는 의미가 담겨 있습니다.

둘째, 이 땅에 나라를 세울 때는 반드시 혼인을 해야 한다는 것입니다. 남자 혼자 나라를 세우고 계속 통치할 수 있습니까? 없습니다. 그러면 어떤 여자가 왕비감으로 좋을까요? 나라를 건국한 후 유지해 나가자면 배우자는 곰 같은 여자이어야만 합니다.

이것은 곰이 갖고 있는 특성 때문입니다. 곰은 침착하고 인내심이 많고 온건하며 수용하는 속성이 있습니다. 곰은 겨울잠을 자며 이듬해 봄을 기다리는 동물로 미련한 듯하지만 사실은 영리한 짐승입니다.

환웅이 처음 나라를 세울 때에는 호랑이의 정신이 필요했습니다. 나라를 건국하는 초기에는 호랑이 정신이 필요합니다. 호랑이는 용감하고 추진력이 있

고 개척 정신과 지배력이 있습니다. 그 대신 무자비하며 인내력이 부족합니다. 그러나 일단 나라를 세우고 난 뒤에는 곰과 같은 정신이 필요합니다. 그래서 처음에 잠깐 호랑이가 표면에 나서고, 나중에는 곰이 표면에 나서는 것입니다.

호랑이는 처음부터 환웅의 제안을 거절한 것이 아니라 처음에는 찬성해 그 시험에 참가했습니다. 만약 반대했다면 애초부터 호랑이가 등장하지 않거나 등장하더라도 이내 없어졌을 것입니다.

환웅은 곰과 호랑이에게 마늘과 쑥을 먹고 동굴에서 있으라고 했습니다. 이것은 환웅 부족이 호랑이 부족과 곰 부족에게 새 나라를 건설하려면 그동안 살던 생활 방식이나 국가 체제를 버리고 환웅 부족을 따르는 고통을 참아 내라는 것입니다. 지금까지 육식을 하던 그들에게 초식을 하고, 산야를 누비며 사냥을 하던 그들에게 태양의 주기를 따라 일정 기간을 제자리에서 인내하라는 조건이었습니다. 이것은 기존 방식을 뜯어고치라는 엄청난 조건이었습니다.

혼인은 다른 세력과의 연합을 의미합니다. 환웅은 처음에는 호랑이 부족과 연합하고, 그 후 단군 자손 시기에는 곰 부족과 연합한 것입니다.

단군이 세운 나라는 하늘과 땅이 만나듯, 높은 데 있는 편이 내려오고 낮은 데 있는 편이 올라가서 중간에서 조화를 통해 만들어진 나라입니다. 싸움 없이 화평한 가운데 나라가 만들어졌습니다.

피비린내 나는 전쟁을 통해 나라를 세운 것이 아니니, 이것이 바로 홍익인간으로 온 천하 사람을 다 이롭게 한다는 건국 이념인 것입니다.

이 땅에 처음 나라를 세웠다는 단군 신화를 통해 우리는 우리 민족과 국가가 어떤 성격을 가졌는지 추측해 볼 수 있습니다.

주몽은 알에서 태어났어요

따각따각, 말발굽 소리가 들립니다.

동부여의 금와 왕이 사냥을 하러 나왔습니다. 금와 왕은 말에게 물을 마시게 할 생각으로 우발수에 갔습니다.

금와 왕은 물가를 거닐다가 바위 위에 앉아 있는 한 여인을 보았습니다. 가까이 다가가도 모를 정도로 여인은 깊은 생각에 잠겨 있었습니다.

금와 왕이 물었습니다.

"당신은 누군데 왜 이런 곳에 있습니까?"

"저는 유화라고 합니다. 하백의 딸이지요."

유화는 얼굴을 들지도 않고 대답했습니다. 금와 왕이 자세히 보니 시름에 잠겨 있는 듯 우울해 보였습니다. 지치고 초라한 모습이었지만 그러면서도 어딘지 모르게 기품이 흘렀습니다.

"무슨 사연이 있는지 들려줄 수 있나요?"

유화는 그제서야 고개를 들어 금와 왕을 바라보았습니다.

"처음 뵙는 분이나 믿음이 가는군요. 숨길 것도 없으니 모두 다 말씀드리겠습니다. 저는 스스로를 하늘의 아들이라 칭하는 해모수를 만나 사랑을 하였습니다. 그러나 그이는 떠났고 저는 아기를 갖게 되었지요. 부모님이 그 사실을 알고 노하셔서 저를 내쫓았어요."

금와 왕은 유화가 불쌍하게 생각되어 궁궐로 데리고 왔습니다. 그리고 편히 묵을 수 있도록 방을 따로 하나 마련해 주었습니다.

유화가 있는 방에는 늘 햇빛이 비추었습니다. 유화는 햇빛을 피하려고 했으나 햇빛은 언제나 유화를 따라다녔습니다.

유화는 배가 점점 불러오더니 아기를 낳았습니다. 그런데 사람이 아니라 닷 되나 되는 큰 알이 나왔습니다.

"사람이 알을 낳다니, 별로 좋지 못한 일이다. 이 알을 내다 버려라!"

금와 왕의 명령에 신하는 알을 돼지우리에 버렸습니다. 그러나 돼지는 그 알을 짓밟기는커녕 깨질세라 조심조심, 추울세라 따뜻하게 감싸안으며 보살폈습니다.

이번에는 마구간에 버렸더니 말들도 알을 피해 다니며 정성스럽게 돌보았습니다.

"음, 참으로 해괴한 일이구나. 알을 깊은 산속에 갖다 버리도록 하라!"

금와 왕은 다시 명령을 내렸습니다.

산속에 알을 버린 다음 날, 금와 왕은 그 알이 어찌 되었는지 살펴보라고 하였습니다.

신하들이 보고 와서 말하였습니다.

"산속의 온갖 짐승들이 몰려들어 그 알을 보살폈습니다. 새와 산짐승들이 번갈아 가며 알을 품었습니다."

금와 왕은 알을 다시 궁궐로 가져오라 하였습니다.

"이번에는 도끼로 그 알을 깨도록 해야겠다. 제아무리 이상한 알

이라 해도 도끼로 내려치는데 온전할 수 있겠느냐."

가장 힘이 센 장수가 나섰습니다. 그가 든 도끼는 아주 무겁고 날카로웠습니다. 장수가 힘껏 내리쳤습니다.

한 번, 탁! 알은 아무 이상이 없었습니다. 장수는 자기가 힘을 덜 썼나 했습니다. 그래서 더 세게, 탁! 그러나 역시 알은 꿈쩍도 하지 않았습니다. 그러기를 여러 차례 했으나 알은 쪼개지기는커녕 전보다 더 단단해진 듯하였습니다.

금와 왕은 잠시 얼굴을 찡그렸으나 곧 마음을 가다듬고 말했습니다.

"아무래도 이 알은 신이 내린 알인가 보구나. 그 알을 어미에게 가져다주도록 하여라."

유화는 알을 다시 받아든 순간 눈물을 펑펑 쏟았습니다. 아무리 알이라지만 자기가 낳은 자식이었습니다.

유화는 알을 부드러운 옷감으로 정성스럽게 싸서 따뜻하게 해 주었습니다. 그리고 방에서 가장 따뜻한 곳에 놓아 두었습니다.

그러던 어느 날, 유화는 이상한 소리를 들었습니다. 알의 껍질이 저절로 깨지는 소리였습니다. 그 껍질 사이로 잘생긴 사내아이가 얼굴을 내밀었습니다. 알에서 아기가 태어난 것입니다.

아이는 태어난 지 얼마 되지 않아 말을 하였습니다. 일곱 살에는 혼자서 활과 화살을 만들어 쏘았습니다. 아이가 활을 쏘면 백발백중이었습니다. 부여에서는 활 잘 쏘는 사람을 '주몽'이라 했던지라 아이도 주몽이라 불렀습니다.

주몽은 똑똑하고 체격이 크고 재주가 뛰어났습니다.

금와 왕에게는 일곱 아들이 있었습니다. 주몽은 그들과 함께 무예를 익히고 사냥도 했습니다. 금와 왕의 일곱 아들은 주몽의 뛰어난 솜씨를 따라오지 못하였습니다.

주몽의 이름이 점점 나라 안에 널리 알려졌습니다. 그럴수록 맏왕자 대소는 불안했습니다. 대소는 어떻게 하면 주몽을 없애 버릴 수 있을까 생각하였습니다.

"아버님, 주몽은 태어난 것도 특이한 데다 너무 똑똑합니다. 재주가 비범하여 아무도 따라갈 수 없고요. 주몽을 일찌감치 없애지 않으면 나라에 안 좋은 일이 생길 것이옵니다."

그러나 금와 왕은 주몽을 죽이고 싶지 않았습니다. 그래서 목장으로 보내 말을 돌보게 했습니다. 대소는 호시탐탐 주몽을 죽일 기

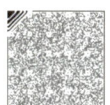

회를 엿보았습니다.

주몽의 어머니 유화는 이를 눈치챘습니다. 유화는 주몽이 부여에 계속 남아 있기는 어렵다고 생각했습니다. 그래서 주몽이 일하는 목장으로 찾아갔습니다.

"주몽아, 아무래도 너는 이 나라를 떠나야겠다. 그러려면 지금부터 준비를 하거라."

주몽도 생각은 하고 있었지만 막상 위험한 곳에 어머니와 부인을 두고 혼자서 도망쳐야 한다고 생각하니 마음이 무거웠습니다. 주몽은 잠자코 어머니 말씀을 들었습니다.

"이 목장에서 가장 좋은 말 몇 마리를 골라 혀에 바늘을 꽂아 두거라. 그 말이 보기 싫게 비쩍 마르면 금와 왕에게 달라고 하여라. 볼품없어진 말이니 쉽게 허락을 하실 게다."

혀에 바늘을 꽂은 말들은 먹지를 못하여 비쩍비쩍 말라갔습니다.

금와 왕과 대소 왕자가 주몽이 일하는 목장에 왔습니다. 금와 왕은 비쩍 마른 말들을 보고 주몽을 나무랐습니다.

"말 하나도 제대로 돌보지 못한단 말이냐!"

하지만 금와 왕과 대소 왕자는 한편으로는 마음을 놓았습니다.

"아버님, 말을 이렇게 못 기르는 걸 보면 우리들이 걱정할 만큼 주몽이 뛰어나지는 않은가 봅니다."

금와 왕은 미소를 지으면서 말했습니다.

"그래, 네가 너무 지나치게 걱정했던 것 같구나."

그들은 자신들이 경계할 만큼 주몽이 똑똑하지 않다고 생각했습니다. 그래서 주몽이 야윈 말을 달라고 했을 때 선뜻 허락하였던 것입니다.

하지만 대소는 주몽이 살아 있는 한 안심을 할 수 없었습니다. 대소는 주몽을 죽일 계획을 세웠습니다.

어느 날 밤, 유화는 아무도 모르게 주몽을 불러들였습니다.

"주몽아, 지금 당장 동부여를 떠나거라. 여기 있다가는 언제 죽을지 모른다. 너는 재주와 지략이 뛰어나니 어디를 가더라도 잘 해 낼 것이다."

주몽은 선뜻 발길이 떨어지지 않았습니다.

"지체 말고 어서 떠나야 한다. 나와 네 처는 염려하지 마라. 네가 살아 있다면 우리를 죽이지는 못할 것이다."

"우리는 걱정 말고 어서 가세요."

옆에 있던 주몽의 부인 예 씨가 떨리는 목소리로 말했습니다.

"내가 혹시 못 돌아온다면……."

주몽은 허리에 차고 있는 짧은 사냥칼을 빼내 칼을 부러뜨렸습

니다. 두 동강이 난 칼 중에 한쪽을 예 씨 부인에게 내밀며 말했습니다.

"일곱 모가 난 돌 위에 선 소나무가 있소. 이 칼을 그 소나무 밑에 숨겨 두겠소. 사내아이가 태어나거든 이 칼을 찾아서 나에게 오게 하오."

주몽은 급히 떠날 채비를 하였습니다. 평소에 주몽을 섬기던 오이·마리·협보가 주몽 뒤를 따랐습니다. 그들은 어두운 밤길을 말을 타고 정신없이 달렸습니다.

주몽 일행은 엄체수 강가에 이르렀습니다. 그러나 배가 없어 강을 건널 수 없었습니다. 멀리서 대소 추격대의 말발굽 소리가 들려

왔습니다.

주몽은 말에서 내려 강을 바라보다가 무릎을 꿇고 앉았습니다.

"저는 천제의 아들이요, 물의 왕 하백의 외손자입니다. 저를 잡으려는 자들이 바로 뒤에 오고 있는데, 가만히 보고만 계십니까?"

주몽은 울부짖듯 소리쳤습니다.

그러자 자라와 거북이와 물고기 수백만 마리가 물속에서 나와 다리를 놓았습니다. 주몽 일행은 말을 탄 채 그 다리 위로 강을 건넜습니다. 대소의 추격대가 강가에 도착했으나 이미 주몽 일행은 강 저쪽에 건너가 있고, 자라와 거북이와 물고기 수백만 마리가 만든 다리는 사라진 채 센 물살만 흐르고 있었습니다.

주몽 일행은 밤낮을 가리지 않고 달려 졸본천에 이르렀습니다.

"이곳은 땅이 기름지고 아름다운 곳이다. 또한 주변이 험하고 견고하니 여기에 도읍을 정하도록 하겠다."

주몽이 동부여를 떠나 졸본에 이르렀을 때 그곳에는 졸본 왕이 있었습니다. 졸본 왕에게는 딸만 있고 왕위를 이을 아들이 없었습니다. 그 사실을 알고 주몽은 졸본 왕을 찾아갔습니다.

졸본 왕은 주몽의 늠름한 모습이 마음에 들었습니다. 그래서 둘

째 딸 소서노와 주몽을 맺어 주었습니다. 주몽과 소서노는 혼인하여 비류와 온조를 낳았습니다.

졸본 왕이 죽고 주몽은 왕위를 이어 받았습니다. 주몽은 나라 이름을 '고구려'라 하고 자신의 성을 고 씨로 하였습니다. 주변에서 주몽을 따르는 사람이 점점 많아져 고구려는 점점 큰 나라가 되었습니다.

생각해 봅시다

신화 이야기 ③ 건국 영웅 신화

주몽 신화에는 어떤 뜻이 숨어 있을까요?

주몽은 고구려라는 나라를 세운 영웅입니다. 주몽 같은 영웅에게는 몇 가지 특징이 있습니다.

첫 번째, 신비롭게 태어납니다. 신화에서는 종교적인 성인이거나 건국 영웅이거나 위대한 업적을 남긴 인물들은 보통 사람과는 다르게 태어나는 것으로 표현됩니다. 남녀의 잠자리를 통하지 않고 신과 접촉해, 햇빛의 감응을 받아서, 오이 같은 음식물을 먹어서, 꿈에 신인을 만나서, 지렁이가 둔갑한 총각을 만나 태어납니다. 또는 알로 나오거나, 열 달이 넘게 뱃속에 있거나, 옆구리에서 태어납니다.

고주몽의 경우도 그렇습니다. 고주몽이 정상적으로 태어나지 않았다는 것은 고구려가 평범한 나라로 탄생하지 않았다는 뜻입니다. 즉, 고구려는 보통 사람이 아닌 특별한 사람이 만든 나라라는 의미입니다.

두 번째, 그들은 모두 알이나 갓난아이 때 버려집니다. 저 혼자서는 아무것도 할 수 없을 때입니다. 그렇기 때문에 세 번째로 이 버려진 알(또는 아이)에게는 반드시 거두어 주는 구원자가 있습니다.

고주몽도 알인 상태에서 버려졌지만 동물의 도움으로 살아나고 결국 금와왕은 알을 유화 부인에게 돌려줍니다. 이때 아이를 낳아서 갓 어머니가 된 산모는 무력하기 짝이 없습니다. 버리자는 측에서는 위신이나 체면을 지키려고,

　자기의 생명을 지키려고, 그 당황스러움을 어떻게든 무마하려고 아이를 버리는 것입니다.

　이런 전개는 버려진 아이가 장차 크게 될 것이라는 암시이면서, 영웅의 업적을 이어갈 후손에게 용기를 줍니다. 버려진 갓난아이도 살았는데, 더 나은 처지에 있는 우리들이 못 살 것이 무엇이냐는 것입니다.

　또한 영웅이 나라를 세우는 데는 공통적인 특징이 있습니다. 건국 영웅은 강을 건넙니다.

　광개토대왕릉비를 보면 고주몽이 물을 건너는 것이 맨 처음에 나옵니다. 광개토 대왕(재위 391~412년)과 그 시조 고주몽 사이는 400년이나 떨어졌는데도 비석에 신화가 고스란히 나옵니다. 광개토 대왕에게는 위대한 조상 고주몽이 필요했고, 고주몽의 사적 중 가장 가치 있는 것만 비석의 자료로 제시했는데 비중을 크게 둔 것이 강 건너기였습니다.

　사람도 살다 보면 어려운 일을 많이 겪듯이 나라도 마찬가지입니다. 이런 어려움을 강에 비유합니다. 고주몽은 강 앞에서 자신을 낮추고 간절한 마음으로 빌었습니다. 그러자 신이 물고기와 자라라는 동물을 통해 강을 건너도록 도와주었습니다. 위기를 극복한 것입니다. 이런 위기 극복의 정신은 후손에게 그 어떤 어려움도 극복할 수 있다는 마음을 갖게 합니다.

　물 건너기와 관련된 이야기는 세계의 건국 신화에 자주 나옵니다. 유대 민족을 이집트에서 탈출시킨 모세도 주몽과 비슷한 부분이 많은데, 특히 '홍해를 건넌 사건'은 유대 민족이 항상 반복해서 민족 교육으로 삼고 있습니다.

둥구리는 날개 달린 아기장수였어요

옛날 옛날, 고려의 후반기에 왕다운 왕이 없어서 백성들이 참으로 고생을 하였습니다.

지리산 산신령은 왕이 되어 이 나라를 바로 잡을 만한 인물을 세상에 내보내야겠다고 생각했습니다. 지리산 산신령은 숯쟁이 부부의 꿈속에 나타나서 말했습니다.

"너는 하늘 같은, 아니 하늘인 아들을 낳을 것이다. 이름은 둥구리라 하고, 그 애가 다 클 때까지 세상에 비밀로 하여라."

숯쟁이 집 여자는 드디어 열 달만에 아기를 낳았습니다. 아기를

낳으면 배꼽에 길게 달린 탯줄이 달려 나옵니다. 아기가 어머니 뱃속에 있는 동안, 탯줄은 엄마와 아기를 이어 주어 아기에게 먹고 자랄 양분을 전달해 주었습니다. 이제 태어난 아기는 코로 숨 쉬고 입으로 젖을 먹을 테니까 탯줄이 필요 없습니다. 그래서 이 탯줄은 아기를 낳은 즉시 잘라 주어야 합니다.

"음, 우리 아기 탯줄을 가위로 자를까? 아가, 아파도 참아라. 울지 말아라, 응?"

쇠로 된 가위를 가지고 탯줄을 잘랐습니다.

그런데 탯줄이 얼마나 질긴지 가위로 자를 수가 없었습니다. 아기는 아프지도 않은지 가만히 있었습니다.

"이상하다? 왜 이러지? 가윗날이 무디어서 그런가? 이번에는 칼로 잘라 볼까?"

그래서 이번에는 칼로 탯줄을 잘랐습니다.

여전히 잘리지 않았습니다. 아기는 여전히 가만히 있었습니다.

"그것 참, 이상하다. 이번에는 낫으로 잘라 볼까?"

낫을 대고 힘을 불끈 줘 잡아당겼습니다. 이번에도 탯줄은 변화가 없었습니다.

"왜 이러지? 이번에는 나무를 베어 쓰러뜨리는 톱으로 잘라 볼까?"

톱을 대고 힘을 주어 밀고 당겨 보았습니다. "쓱쓱!" 여전히 탯줄은 그대로입니다. 아기는 가만히 있었습니다.

"아, 참 환장하겠네. 어찌하여 이러지? 에라, 이번에는 도끼 날을 갈아서 잘라야겠다."

탯줄을 나무토막에 놓고 아름드리 나무를 찍는 큰 도끼로 "꽝!" 하고 내리찍었습니다. 토막이 날 줄 알았는데 끄떡도 안 했습니다. 아기는 가만히 있었습니다.

"탯줄을 못 자르면 우리 갓난아기는 죽는데, 아이구, 어떻게 해야

이 탯줄을 자를 수 있을까?"

숯쟁이는 머리를 감싸고 한숨을 쉬었습니다.

그러다가, "내 손이 왜 이렇게 힘이 없을까? 산에서 나무도 베고 풀도 베었는데, 도대체 이 손이 왜 이래?" 하고 오른손으로 왼손을 때리고, 다음에는 왼손으로 오른손을 때렸습니다.

"아얏! 아파라. 아까 억새풀에 베인 자리가 아프네 그려!"

그러다가 퍼뜩, 생각이 떠올랐습니다.

"앗! 억새풀이닷! 억새풀은 뾰쪽한 끝에서 넓은 쪽으로 거슬러 훑으면 손을 벤다. 억새 이파리의 날카로운 양 날이 마치 톱날 같아서 내가 이렇게 살갗을 베인 것이지.

그렇다면 우리 아기 탯줄을 억새풀로 잘라 볼까?"

그리하여 숯쟁이는 억새풀을 베다가 아기 탯줄에 대고 거꾸로 당겨 보니까, 신기하게도 스르르륵, 스르르륵 하고 탯줄이 잘라졌습니다. 드디어 탯줄이 완전히 끊어졌습니다. 그제서야 아기는 자지러지게 울었습니다.

"이것 참, 신기하구나. 그래 억새풀이 가위나 낫이나 톱이나 도끼보다 더 세다는 말인가? 어찌 되었건 탯줄을 잘랐으니 우리 아기는 살았다. 지리산 산신령의 정기를 받은 아기가 분명하구나. 하늘이 우리 같은 숯쟁이 집에 이런 큰 사람을 보내 주셨구나."

숯쟁이 부부는 하늘과 지리산 산신에게 감사하며 아기를 길렀습니다.

그런데 또 이상합니다. 둥구리는 태어난 지 얼마 안 되어서 말을 하였습니다. 그것 참, 희한하군요.

둥구리는 태어난 지 얼마 안 되어서 걸어 다니고 뛰어다녔습니다. 그것 참, 올되군요.

한번은 어머니가 숯 구덩이에서 일을 하고 돌아와 보니 젖먹이 둥구리가 방 안에 없었습니다. 놀라서 한참 찾았는데 둥구리는 천

장에 붙어 있었습니다.

둥구리는 날아다니는 파리를 잡아서 방바닥에 한 줄로 주욱 세워 놓고 "하나, 둘, 셋, 넷!" 하고 훈련을 시켰습니다. 이것 참, 신통하군요.

또 어린애가 불끈불끈 힘을 쓰는데 아버지의 힘 못지않았습니다.

조금 지나자 둥구리는 지리산 속 깊은 곳, 아무도 없는 데 가서 힘을 길렀습니다. 하늘까지 솟은 나무 꼭대기에도 성큼 올라갔다가 내려왔다가 하고, 어마어마한 바위를 쫘악 쪼개더니 그 속에 들어갔다가 나왔다가 하였습니다. 지리산 산신령이 도와주니까 힘이 부쩍부쩍 자랐습니다. 상상할 수 없는 힘이 나왔습니다.

둥구리 어머니는 사람들에게 아들 자랑을 하였습니다.

"아, 글쎄, 우리 아들 둥구리가 훨훨 날아다니고 힘이 천하장사랍니다."

듣는 사람들이 다 감탄을 하였습니다.

"둥구리네는 참 좋겠다. 그러니까 아들이 아기장수구먼. 겨드랑이에 날개가 난 아기장수……."

그런 말을 들은 순간 둥구리 어머니는 "아차!" 싶었습니다. 얼른 입을 다물었습니다. 아기장수라면, 겨드랑이에 날개가 난 아기장수라면 자라서 역적이 된다고 했습니다. 이것이 세상에 알려지면 나라님이 나라 군사, 곧 관군을 보내서 잡으러 올 것인데, 큰일이 났습니다. 이마에 땀이 흐르고 가슴이 두근두근하였습니다.

"우리 아들이 날아다닌다거나 힘이 천하장사라는 말은 괜히 내가 지어낸 말이에요. 어찌 어린애가 날아다닐 수 있겠어요? 우리 아들이 하도 예쁘니까 그만 거짓말이 나왔네요."

둥구리 어머니는 집으로 부리나케 돌아와서 자는 둥구리의 겨드랑이를 보았습니다. 과연, 과연 어느새 날개가 나 있었습니다.

"아이구, 어찌할 거나? 우리 둥구리는 이제 관군 손에 죽겠구나. 이 에미가 입이 방정이라서 아기장수가 나왔다고 소문을 내버렸으니……. 엉엉엉."

둥구리는 어머니의 넋두리와 울음소리를 들었습니다.

둥구리가 말했습니다.

"어머니, 이미 엎질러진 물입니다. 세상에 소문이 다 나고 나라님이 듣고, 그러면 그냥 안 있을 것입니다. 제가 집에 있으면 관군이 들이닥쳐서 저도 죽고 어머니도 아버지도 죽습니다. 그러니까 저는 지금 집을 떠나서 숨겠나이다. 저를 찾지 마십시오, 제가 어디에 있는지 알려고도 하지 마십시오."

둥구리는 슬픈 표정으로 좁쌀과 메밀을 가지고 집을 나서서 사라져 버렸습니다.

얼마 뒤 관군이 둥구리 집에 들이닥쳤습니다. 발 없는 말이 천 리를 간다고, 아기장수 둥구리가 지리산에 있다는 소문이 서울까지 올라갔습니다. 임금님은 즉시 관군을 보내서 잡아 오라고 하였습니다. 그래서 관군이 온 것입니다.

"여봐라. 네 아들 둥구리가 어디 갔느냐? 바른 대로 말하지 않으면 사지를 쫘악 찢어 죽일 것이다."

관군은 위협을 했습니다.

둥구리 어머니는 관군에게 처음에는 "그런 아들이 없다."고 하다가, 또 관군이 위협하니까 "있기는 있는데 어디로 갔는지 모른다."고 하고, 또 관군이 더 위협하니까 "예전에는 지리산 속에 들어가서 놀았다."고 했습니다.

관군이 "둥구리가 지리산 어디에서 어떻게 놀았느냐?"고 하니까 둥구리 어머니가 "둥구리가 바위에 들락거렸다."고 했습니다. 관군은 즉시 지리산으로 가 둥구리가 놀았다는 집채만 한 큰 바위를 알아 냈습니다.

많은 관군이 달려들어서 바위를 깨기 시작하였습니다. 망치, 쇠몽둥이, 도끼, 쇠절구, 쇠도리깨……. 그런데 바위는 끄떡도 하지 않았습니다. 그 많은 관군이 달라붙어 땀을 뻘뻘 흘리면서 바위를 깨려고 하여도 바위는 여전히 끄떡도 하지 않았습니다.

관군 중에 영리한 군사가 물었습니다.

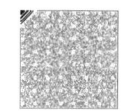

"둥구리 에미야, 바른 대로 말하여라. 애가 태어날 때 무슨 이상한 일이 있었지? 탯줄을 무엇으로 잘랐느냐?"

관군이 협박을 하니까 사색이 된 둥구리 어머니가 벌벌 떨면서 말하였습니다.

"저, 저, 억새, 푸, 풀로 잘랐습니다."

"아하, 억새풀이라고!"

관군은 즉시 억새풀을 한 단 베다가 그 집채만 한 바위를 잘랐습니다.

이것이 웬일입니까? 쇠에도 끄덕 않던 그 바위가 억새풀을 대니까 두부 썰 듯이 삭삭 슥슥 잘려 들어갔습니다. 계속 바위를 자르고 자르고……. 드디어 바위가 두 동강이 났습니다.

"아!"

바위 속에 숨어 있던 둥구리도 그만 허리가 잘려 두 동강이 나서 죽었습니다. 참으로 안되었습니다. 이것을 본 둥구리 어머니는 놀라 죽고 말았습니다. 둥구리 아버지는 그만 절벽에서 뛰어내려 목숨을 끊었습니다.

관군은 역적이 될 둥구리를 죽이고, 골치 아픈 둥구리 부모도 없

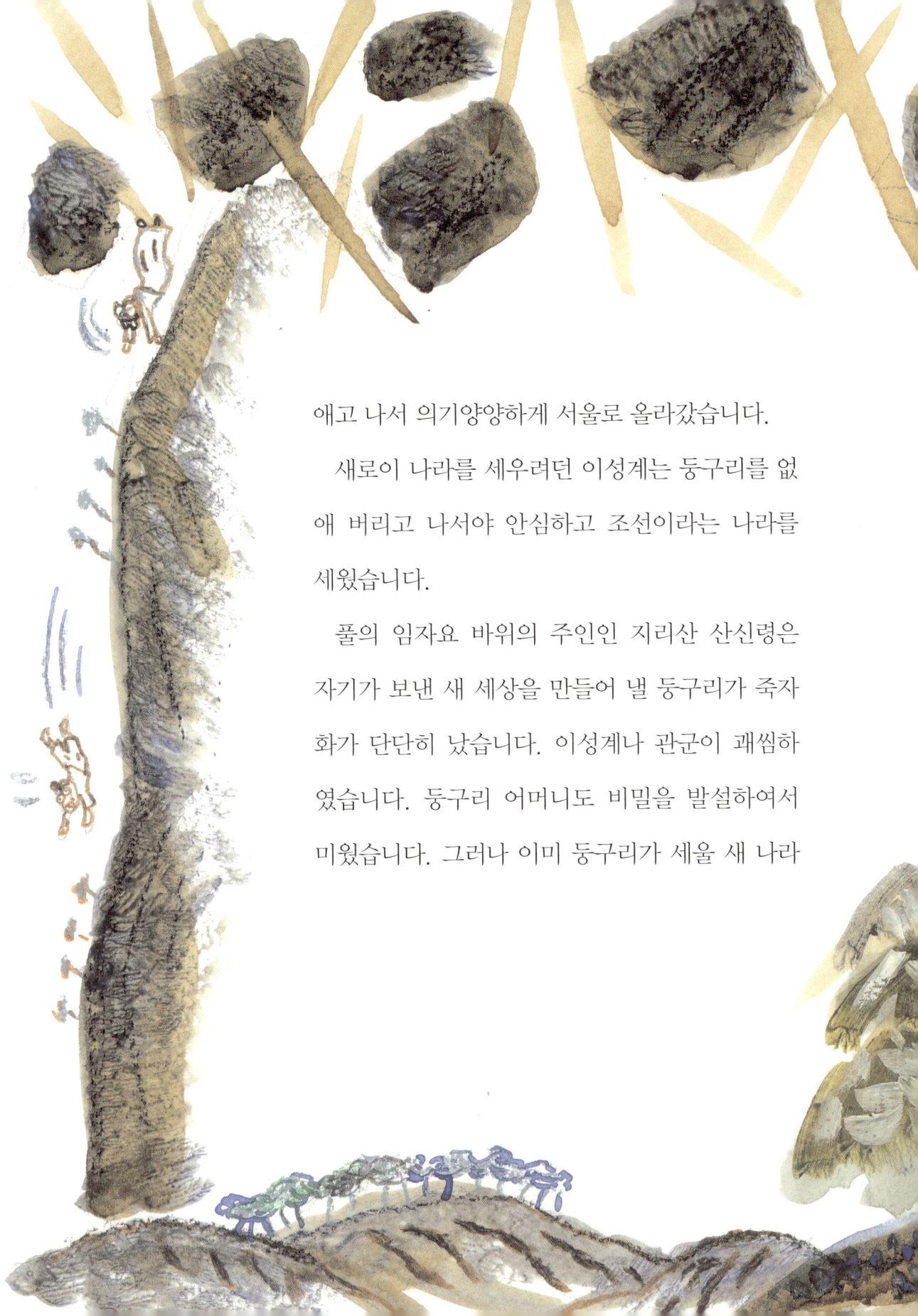

애고 나서 의기양양하게 서울로 올라갔습니다.

새로이 나라를 세우려던 이성계는 둥구리를 없애 버리고 나서야 안심하고 조선이라는 나라를 세웠습니다.

풀의 임자요 바위의 주인인 지리산 산신령은 자기가 보낸 새 세상을 만들어 낼 둥구리가 죽자 화가 단단히 났습니다. 이성계나 관군이 괘씸하였습니다. 둥구리 어머니도 비밀을 발설하여서 미웠습니다. 그러나 이미 둥구리가 세울 새 나라

나 꿈이 사라진 것을 어찌하겠습니까?

지리산 산신은 말없이 그 고통을 참고 살아갈 수밖에 없었습니다. 그래서 오늘까지 지리산은 묵묵히 그냥 있습니다.

> 생각해 봅시다

> 신화 이야기 ④ 민간 영웅 신화

아기장수 이야기의 수수께끼는 무엇인가요?

우리나라의 아기장수 이야기는 널리 퍼져 있습니다. 수백 군데에서 아기장수 이야기가 전해져 내려옵니다.

아기장수는 겨드랑이에 날개가 달린 어린 장수입니다. 이 둥구리 신화는 아기장수 전설이 지리산 산신과 결합을 해서 변한 것입니다.

둥구리는 탯줄을 억새풀로 자릅니다. 바위도 억새풀에 잘라지고 맙니다. 그런데 왜 억새풀이 나올까요?

억새풀은 식물 중에서 큰 편에 속합니다. 큰 억새풀의 이파리를 넓은 데서 가는 쪽으로 올바르게 다루면 아무 문제가 없지만, 이파리 가는 쪽에서 넓은 쪽으로 거슬러 올라가면 날카로워 다칠 염려가 있습니다.

억새풀은 백성입니다. 나라님이 올바른 정치를 하고 순리대로 잘 다스리면 억새풀이 사람을 베지 않듯 백성이 잘 따릅니다. 그러나 나라님이 그르고 나쁜 정치를 하면 백성은 거역하여 나라님에게 대항을 합니다. 나라님 몸에 피가 나게 합니다.

칼이나 낫은 단단한 쇠를 날카롭게 벼려서 쓰기 좋게 만든 것입니다. 하지만 잘못 다루면 피가 나고 심지어는 죽을 수도 있는 무서운 연장입니다.

사람들은 풀보다 쇠가 강하다고 생각합니다. 하지만, 풀은 수십 년 수백 년이 지나도 여전히 종자를 퍼뜨려 생명을 이어갑니다. 이에 비해 생명력이 없는

쇠는 녹이 나고 삭고 사라집니다.

　백성은 풀과 같습니다. 여기저기 끈질긴 생명으로 자라는 풀, 야생초, 잡초와 같습니다. 그래서 '백성은 풀'이라는 뜻의 '민초'라는 말이 있습니다. 백성은 자연에서 저절로 나는 풀과 같은지라 연하디연하지만 생명력이 아주 강합니다.

　둥구리는 연한 풀이요, 억새풀이요, 백성이요, 백성을 잘 다스릴 만한 영웅입니다. 생명이 오래 갑니다. 쇠는 강한 나라님이요, 권세요, 정치요, 백성을 다스리는 지배층입니다. 생명이 짧습니다.

　둥구리가 가지고 간 좁쌀이나 메밀은 곡식이고, 곡식은 농사요, 농사는 농부요, 농부는 백성이요, 백성은 민심이요, 민심은 새 나라를 건설할 힘입니다.

　둥구리 이야기에서 생각해 볼 것은 가장 가까운 가족, 그중 어머니가 큰 꿈을 가지고 노력하는 아들에게 협조를 하지 않으면 아들의 꿈은 실패를 한다는 것입니다. 꼭 새 나라를 세우려는 것이 아니라도 나라에 도움이 될 큰 꿈을 가진 사람이라면 가까운 가족의 도움부터 받아야 하고, 성공할 때까지 자신만의 시간을 가져야 하고, 비밀은 어느 정도 지켜져야 한다는 뜻을 찾을 수 있습니다.

　둥구리 이야기와 거의 같은 이야기로 '우투리 이야기'가 있습니다.

　우투리에는 대나무가 나옵니다. 대나무도 쇠가 아닌 자연물이요 식물입니다. 이 대나무는 곧고 바르고 단단하며, 일 년 사시사철 변함없이 푸릅니다. 대나무처럼 정직하고 평생 변하지 않을 우투리였건만 왕이 되지 못하고 죽임을 당합니다.

　이 이야기에서도 둥구리 이야기와 마찬가지로 영웅을 기대한 백성의 마음, 좌절에 대한 슬픔을 읽을 수 있습니다.

당금애기는 부처님과 혼인했어요

옛날 옛날, 어느 곳에 한 부자가 살았습니다.

이 부자는 외동딸 하나를 두었습니다. 이름은 당금이었습니다.

무엇 하나 부러울 것이 없는 부잣집에 자식이라고는 딸이 하나이니 얼마나 사랑스러웠겠습니까. 손에 쥐면 꺼질까 불면 날아갈까 조심조심……. 그렇게 예쁜 딸이었습니다.

"다 자라면 좋은 곳에 시집을 보내서 행복하게 살게 해야지."

아버지는 어여쁜 숙녀로 자라는 딸을 보며 흐뭇해 했습니다.

어느 날 아버지는 서울에 며칠 동안 다녀올 일이 생겼습니다. 그

래서 딸에게 집을 맡기고 서울에 갔습니다.

  하루는 한 스님이 시주를 하라고 집을 찾아왔습니다.

  딸 당금애기는 금자동이라는 여종과 은자동이라는 여종을 시켜서 쌀을 가져다주라고 하였습니다.

  "나무아미타불, 고맙습니다."

  스님이 동냥자루인 바랑(스님이 등에 지고 다니는 자루 모양의 큰 주머니)을 벌렸습니다. 금자동이와 은자동이는 가져온 쌀을 부었습니다. 바랑이 작아서 금방 불룩해질 것이라 생각했는데 쌀이 들어간 것 같지 않게 바랑은 비어 있었습니다.

  "이상하다? 쌀이 어디로 갔지? 또 갖다 드려야겠구나."

여종 금자동이가 곳간에 가서 쌀을 퍼다가 스님의 바랑에 부었습니다. 그러나 여전히 빈 바랑이었습니다.

"이상하다? 이번에는 내가 쌀을 가져다가 부어야지."

은자동이가 쌀을 퍼 와서 스님의 바랑에 부었지만 마찬가지로 쌀을 넣은 표가 전혀 나지 않았습니다. 종 둘이 번갈아 곡식을 가져와서 여러 번 바랑에 부어도 마냥 빈 바랑이었습니다.

금자동이와 은자동이가 스님에게 물었습니다.

"어떻게 하면 이 바랑을 채울 수 있을까요?"

스님이 엄숙하게 대답을 하였습니다.

"이 집 따님이 쌀을 가져다주면 바랑을 채울 수 있을 것입니다."

금자동이와 은자동이가 당금애기에게 가서 스님의 이야기를 전했습니다.

"다 큰 여자가 어찌 남자 스님과 직접 만나느냐. 난 못하겠다."

당금애기는 고개를 저으며 말했습니다.

"그러면 스님은 해가 넘어가도 돌아가지 않을 것입니다."

당금애기는 여종의 말에 마지못해 쌀을 퍼 가지고 대문에 서 있는 스님에게 가서 바랑에 부었습니다. 그런데 당금애기가 부어도

마찬가지로 바랑은 여전히 비었습니다.

"아, 이 바랑이 왜 이러지?"

당금애기가 바랑을 자세히 보니 밑이 터져 있었습니다. 쌀을 바랑 위 주둥이에 부으면 자루 밑이 터졌으니까 이내 좌르르하고 땅에 쏟아졌던 것입니다.

"스님, 자루가 터졌습니다. 자루 밑을 꿰매야겠습니다."

당금애기와 금자동이와 은자동이는 바늘과 실로 바랑 밑을 꿰맸습니다. 이제 땅에 쏟아진 쌀을 손으로 주워 담으면 됩니다.

그런데 스님이 말하였습니다.

"우리 부처님은 더러운 손으로 주운 쌀은 드시지 않습니다. 종님은 말고 따님이 은젓가락으로 쌀 낱알을 하나씩 집어서 바랑에 담아야 합니다. 아홉 번 젓가락질을 하면 이 바랑이 다 찰 것입니다."

당금애기는 젓가락질 아홉 번 하는 것은 쉽고 간단하다고 생각했습니다. 쌀을 젓가락으로 집어 바랑에 담기 시작했는데 생각보다 힘이 들고 시간도 많이 걸렸습니다. 아홉 번이 아흔 번, 구백 번 만큼 힘이 들었습니다. 당금애기는 이마에 땀이 송알송알 맺혔습니다.

　스님도 당금애기를 돕겠다고 같이 젓가락질을 하는데, 두 사람은 젓가락도 부딪치고, 소매도 맞닿고, 손도 닿고, 땀이 난 이마도 부딪치고, 몸도 부딪쳤습니다.

　동냥 쌀을 줍느라 당금애기와 스님이 젓가락질을 아홉 번 하는 사이에 어느새 해가 저물었습니다.

　스님이 말했습니다.

　"아, 날이 저물었습니다. 이제 나는 다른 데로 갈 수 없으니 이 집에서 하룻밤을 자야겠습니다."

　이 말을 들은 당금애기가 놀라서 말했습니다.

　"아이구머니나, 안 됩니다! 우리 집은

손님이 묵을 방이 하나도 없습니다."

금자동이가 말했습니다.

"흉칙하여라. 남자가 여자만 있는 집에서 잠을 잔다니 안 되고 말고요!"

은자동이도 말했습니다.

"아무리 스님이라도 그렇지. 남자면서 다 큰 여자만 있는 집에서 자겠다는 게 말이 됩니까?"

그러자 스님이 웃으면서 말했습니다.

"하하하. 나는 도를 닦는 스님인데 남자라고 하니 참, 할 말이 없습니다. 그래, 내가 잘 방이 없다면 마구간에서 자면 안 되겠습니까?"

당금애기는 매정하게 거절을 할 수 없어서 그러라고 허락을 하였습니다.

자정쯤 되어서 스님이 덜덜덜 떨면서, 당금애기가 자는 방 앞에 와서 말했습니다.

"마구간이 너무 추우니까 부엌 한 구석에서 자면 안 될까요?"

당금애기는 보기가 딱해서 그러라고 하였습니다.

조금 있다가 스님이 덜덜덜 떨면서 말했습니다.

"부엌이 추워서 그러니 당신 방 윗목 한 구석에서 자면 안 될까요?"

당금애기는 안쓰러운 마음에 그러라고 하였습니다.

조금 있다가 스님이 덜덜덜 떨면서 말했습니다.

"윗목이 추워서 그러니 당신 방 병풍 뒤에서 자면 안 될까요?"

당금애기는 스님의 사정이 딱해서 그러라고 하였습니다. 결국 당금애기는 스님하고 병풍을 사이에 두었을망정 한 방에 자게 되었습니다.

이튿날 아침 당금애기가 잠을 깨고 보니 스님은 이미 떠난 뒤였습니다.

얼마 후에 이상하게도, 어쩌면 당연한지도 모릅니다. 당금애기 배가 불러왔습니다. 아아, 이거 큰일이 났습니다.

더 큰일이 난 것은 서울 갔던 아버지가 집에 돌아온 것입니다. 그 사이에 배가 불러 몸이 무거워진 당금애기는 선뜻 나가서 아버지를 맞이할 수가 없었습니다.

아버지는 사랑하는 딸이 마중을 나오지 않아서 화가 났는데, 들

어와서 보니 배가 태산만큼 불러서 숨을 색색거리고 있으니까 그만 머리끝까지 화가 나 버렸습니다.

"으으응, 저 못된 것 같으니……. 어느 놈을 만나 이 지경이 되었느냐! 저 부정한 못된 것을 꽁꽁 묶어서 끌고 나가 목을 베어랏!"

그런데 머슴이 도끼를 들어올려 막 당금애기 목을 내리치려고 하는데, 웬걸, 도끼 자루가 '댕강!' 하고 부러졌습니다.

"도끼 자루가 두 동강이 났구나. 여봐라. 그러면 이번에는 칼로 저것의 목을 쳐랏!"

머슴이 칼을 들어 막 휘두르려고 하는데 '찰랑!' 하고 칼 중간이 부러져서 한 토막이 땅에 떨어져 버렸습니다.

"음, 저것이 요술을 부리나 보다!"

불량한 너는 이제 내 딸이 아니다. 골칫거리다. 저것을 지하 골방에 넣고 문을 잠가 버려라. 먹을 것도 주지 말아랏!"

금자동이와 은자동이도 벌을 주고 지하 골방에 얼씬도 못하게 하였습니다. 당금애기는 이제 굶어 죽게 되었습니다.

아버지는 다시 서울에 갈 일이 생겨 집을 떠났습니다.

몇 년이 흘렀습니다.

집으로 돌아온 아버지는 딸을 묻어 주려고 지하 골방을 열었습니다.

"앗!"

당금애기가 살아 있었습니다. 멀쩡하게, 여전히 예

뺐습니다. 더 놀라운 일이 벌어졌습니다.

"할아버지! 할아버지! 할아버지!"

어린아이 셋이 나와서 할아버지를 부르면서 안겼습니다. 세 쌍둥이였습니다. 정말로 놀라운 일이었습니다.

아버지가 물었습니다.

"도대체 어찌된 일이냐?"

"애기 아버지인 스님이 매일 저녁 여기 지하 골방에 나타나 음식도 가져다주고 물도 떠다 주고 아이들도 돌보아 주었습니다."

아버지는 그저 놀랄 뿐이었습니다.

"허 참, 이럴 수가 있을까? 정말 못 믿겠는걸. 애 아버지를 불러오너라."

그리하여 스님이 왔습니다.

"이 세 아이가 당신의 아이들인가? 증명할 수 있겠는가?"

"예, 제 아이들이란 것을 증명하겠습니다."

스님은 일어서서 손을 앞으로 올리더니 커다란 법복의 소매를 땅에 닿을 정도로 늘어뜨렸습니다.

"만약 저 세 아이가 이 가로막은 소매를 건드리지 않고 소매가

있는 왼쪽에서 오른쪽으로 통과하면 제 아들입니다."

과연! 왼쪽에 있던 세 아이는 소매를 건드리지 않고 바람처럼 통과하여 오른쪽으로 갔습니다.

"이번에는 세 아이가 나막신을 신고 흰 모래 위를 걸어갈 것입니다. 모래 위에 어떤 흔적도 남지 않으면 제 아이들입니다."

과연! 모래는 깨끗하였습니다. 아무리 아이가 가볍다고 하여도 모래 위에 나막신 자국이 날 텐데…….

"아이가 셋이니까 세 번째 시험을 해 보겠습니다. 만약 세 아이가 저기 걸린 거미줄에 대롱대롱대롱 매달려도 거미줄이 끊어지지 아니하면 제 아이들입니다."

과연, 거미줄에 세 아이가 대롱대롱대롱 매달렸는데도 흔들리지 않고, 거미줄 하나도 끊어지거나 처지지 않았습니다. 잠자리가 걸려도 거미줄은 축 처지는데…….

당금애기 아버지는 감탄에 감탄을 거듭하였습니다.

"스님은 완연한 부처님이군요. 우리 딸 당금애기와 혼인을 허락하겠소."

당금애기는 스님과 집을 짓고 농사도 짓고 깨가 쏟아지도록 행

복하게 잘 살았습니다. 가정에서 행복을 누리는 것이 진정한 부처님의 뜻이라고 세상 사람은 말합니다.

아 참, 세 아이는 그 뒤 어떻게 되었을까요?

먼 훗날 죽어서 하늘로 올라갔습니다. 하늘에 올라가서도 삼형제는 헤어지지 않고 세상을 내려다보고 밝은 빛을 내자고 약속을 하였습니다.

반짝, 별 하나! 반짝, 별 하나! 반짝, 별 하나!

삼태성. 삼형제는 세 개의 큰 별이 되었습니다.

생각해 봅시다

신화 이야기 ⑤ 무속 신화

당금애기 이야기는 무엇을 말하려는 걸까요?

당금애기 이야기는 무속 신화로 무가입니다. 무가는 무당이 농사가 잘되라고, 복을 받고 오래 살라고 굿을 할 때 하는 노래입니다. 무가는 우리나라 전 지역에 다 있는데, 지금까지 조사된 것은 40여 편 정도 됩니다.

여자 이름은 당금애기, 서장애기, 제석님네 따님으로 나옵니다. 남자는 스님, 또는 제석님입니다. 제석님은 불교에서 불법을 지키는 수호신입니다.

스님이나 제석님은 보통 민가에 내려가서 시주를 합니다. 이것은 이상할 것이 없습니다. 그런데 당금애기 이야기에서는 스님이 시주를 한다는 핑계로 당금애기를 유혹합니다. 당금애기는 스님이 떠나고 난 뒤에 임신을 합니다. 이것은 결혼 안 한 처녀가 더군다나 양반의 집에서 일어난 큰 사건입니다. 순진한 요조숙녀를 유혹하고 아기를 만들고 간 스님, 제석님은 상식으로나 불교 교리로 보아서 있을 수 없습니다. 그런데 이 무가에는 당당히 그런 내용이 나옵니다.

이 이야기에 나오는 스님은 꼭 불교의 스님이라기보다는 일반 사람들에게는 행복을 주는 어떤 위대한 신이라고 볼 수 있습니다. 우리나라에서 불교를 오랫동안 믿었기 때문에 스님이 남자 주인공으로 나온 것뿐입니다.

당금애기는 임신한 일로 고난을 당하지만 결국 이 고난을 극복하고 아들 셋과 남편이 된 제석님과 행복한 가정을 이룹니다.

　무속 신화인 당금애기 이야기를 통해 세상의 행복에 대해 말하고 있습니다.

　첫째, 남녀는 혼인을 해야 행복하다는 것입니다. 그 점에서 남자 스님, 제석님도 예외일 수 없습니다. 이것은 독신으로 여자를 멀리하는 것을 계율로 삼는 불교에서는 있을 수가 없습니다. 따라서 이 무가는 불교의 이름을 빌려서 혼인의 정당성과 가치를 말하고 있는 것입니다. 하늘과 땅, 천신과 지신, 신성과 세속, 강자와 약자, 있는 자와 없는 자, 배운 자와 못 배운 자, 동과 서 등 대립하는 두 편이 화합하여 하나가 되는 대단한 작업이 혼인입니다. 농업 국가라면 자연과 인간이 연합을 하여 풍년이 들게 하고, 생산성을 높이는 것입니다.

　둘째, 혼인을 하였으면 자식을 되도록 많이 낳아야 합니다. 혼인의 증거가 바로 자식이기 때문입니다. 자식을 많이 낳을수록 좋듯이, 농사를 짓는다면 많은 양을 수확할수록 좋습니다. 이렇게 부부와 자녀가 많은 가정에 행복이 있다고 말합니다. 가정이 모여 마을이 되고, 마을이 모여 나라가 됩니다. 곧 온전하고 풍요로운 가정이 온전하고 풍요로운 나라를 만든다는 말입니다.

　셋째, 행복을 이루기 위해서는 끈질기게 노력하라고 합니다. 당금애기와 세 아들은 스님, 제석님을 찾아가고, 시험을 통과했습니다. 이것은 그들이 행복을 위해 끈질긴 노력을 한 것입니다. 그 결과 고명하고 능력이 있는 스님, 제석님을 가장으로 모시게 되었으니, 소원하는 바가 이루어지지 않겠습니까?

　사실 스님, 제석님은 하늘의 신이요, 당금애기는 땅의 신이요, 많은 자식은 천신과 지신이 만나 얻은 행복과 풍년과 다산입니다. 그러므로 당금애기 이야기는 불교를 빌려 인간의 본초적인 생산, 그리고 수명장수와 만사형통을 바라는 마음이 만들어 낸 이야기라고 하겠습니다.

바리공주는 아버지에게 버림을 받았어요

옛날에 어느 나라에 임금님이 살았습니다. 임금님은 더도 덜도 할 것 없이 만족스러웠습니다.

신하들은 충성을 다 했습니다. 백성들은 열심히 일했습니다. 이웃나라는 쳐들어오지 않았습니다. 나라는 매우 평온했습니다.

왕비는 어여쁘고 마음씨가 고왔습니다. 임금님과 왕비는 서로 사랑하였습니다.

"임금님은 정말 행복할 거야."
모든 사람이 말했습니다.
그런데 정말 임금님이 행복하였을까요?
아닙니다. 조금은 불행했습니다. 임금님은 자주 이런 생각을 했습니다.
'떡두꺼비 같은 왕자가 있으면 얼마나 좋을까! 아, 이 좋은 나라를 물려 줄 왕자가 없다니…….'
다행히 왕비는 아기를 낳게 되었습니다.

첫째가 나왔습니다. 공주, 실망이었습니다.

둘째가 나왔습니다. 공주, 또 실망이었습니다.

셋째가 나왔습니다. 공주, 또 또 실망이었습니다.

넷째가 나왔습니다. 공주, 또 또 또 실망이었습니다.

다섯째가 나왔습니다. 공주, 또 또 또 또 실망이었습니다.

여섯째가 나왔습니다. 공주, 또 또 또 또 또 실망이었습니다.

임금님은 자신이 이 세상에서 가장 불행하다고 생각했습니다.

"임금이면 뭘 하나! 왕자가 없으니 얼마나 불행한가?"

임금님이 탄식을 하니 왕비도 더욱 괴로웠습니다.

임금님과 왕비는 신에게 간절히 빌었습니다.

"제발, 제발, 왕자를 낳게 해 주십시오."

빌고 빌고 또 빌었습니다. 이러한 애절한 바람 속에서 왕비는 일곱 번째 임신을 하였습니다. 임금님은 말하였습니다.

"아들일까? 물론 아들, 왕자가 나올 차례야. 그동안 딸은 많이 낳았으니까 말이야. 암, 왕자고 말고. 왕자만 태어나면 왕비랑 나랑은 정말 행복할 거야."

어느새 열 달이 흘러 왕비가 아기를 낳을 때가 되었습니다. 왕비

는 이전보다 더욱 힘들게 고생한 끝에 아기를 낳았습니다.

'이토록 아프게 아기를 낳기는 처음이야. 이번 아기는 이전과 다른 것이, 왕자임에 틀림없어.'

임금님도 방 밖에서 서성대면서 왕자를 낳았다는 기쁜 소식을 기다렸습니다.

드디어 궁녀가 나왔습니다. 궁녀는 임금님 앞에서 부들부들 떨었습니다.

임금님이 물었습니다.

"왕자냐? 왕자겠지? 어서 말하여라. 궁금하구나."

궁녀는 여전히 부들부들 떨면서 더듬더듬 말하였습니다.

"저…… 아기는 고, 공, 공주……."

"무엇이라고? 또 딸이라고? 공주라고? 허허허. 하느님, 정말 이러실 수가 있습니까? 일곱 번째도 공주라니……. 나는 어떻게 하라는 말입니까?"

임금님은 비통하게 울었습니다. 임금님이 다 우는군요. 오죽하면 임금님이 울까요.

왕비는 가까스로 정신을 차린 후 이번에도 공주가 태어났다는 말을 듣고는 그만 가슴이 꽉 막혀 기절을 했습니다.

　왕비는 한참 후에 깨어나서 "하느님, 어찌 이렇게 저를 버리십니까?"하고 울었습니다. 궁중에 있는 모든 사람에게 슬픔이 가득하였습니다. 웃음이 사라져 버렸습니다.

　아기가 태어난 지 첫 이레가 지나자 임금님은 말했습니다.

　"이제 왕비도 정신이 들고 저 어린 것도 죽지 않고 살아났으니 대책을 세워야겠다. 나는 도저히 저 일곱째 공주까지 기를 마음이 없다. 차마 나의 손으로 죽일 수 없으니 들에 버리면 새가 쪼아 먹고 산에 버리면 짐승이 잡아먹을 것이다."

　왕비는 이 말을 듣고 너무 놀라 임금님에게 매달렸습니다.

　"저 어린 것이 무슨 죄가 있습니까? 공주를 만든 것은 우리 아닙니까?"

　왕비는 임금님 옷자락을 붙잡고 울면서 애원을 했습니다.

　"어떻게 저 어린애를, 이 세상에 태어나서 겨우 이레밖에 안 지났는데……. 아기에게 젖 한 번 제대로 물리지 못했는데 버린다는 말인가요? 정 버리겠다면 돌이라도 지나서 산에든 들에든 버리세요."

"오래 기르면 정이 들어서 못 버린다오."

"버리지 않고 남의 집에 주어도 되잖아요?"

"공주라는 신분은 죽이면 죽였지, 평민에게 기르게 할 수는 없다오."

"그러면 반 년, 한 달, 아니 보름만이라도 궁중에 살려 두어서 이 젖을 먹이면 안 될까요?"

"그렇게 하여 정이 들면 못 버리오. 당장 버려야 하오. 아기가 엄마 젖 맛도 모르고 젖 냄새도 모를 때 버려야 하오."

임금님은 궁녀를 불러 당장 왕비 품에서 아기를 떼어 놓으라고 말하고는, 신하를 시켜서 그 갓난아기를 깊은 산중에 갖다 버리도록 명령했습니다. 호랑이나 늑대나 여우가 잘 다니는 깊은 산중에 꼭 버려야 한다고 했습니다.

신하는 궁녀가 넘겨 준 일곱째 공주를 안고는 깊은 산속에 들어가서 버렸습니다. 옛날에는 '버리다'를 '바리다'라고도 썼습니다.

"아, 불쌍한 공주. 이 깊은 산중에서 갓난아기가 무슨 수로 살 수 있을까? 불쌍하구나. 임금님이 바리라고 하여 바리지만 마음이 무척 괴롭구나. 그래도 이 바린 공주가 산다면 이름은 바리공주가 되

겠구나. 이 산을 바리산이라고 하고."

신하는 아기를 놔두고 산을 내려갔습니다.

밤이 되었습니다. 새가 날아왔습니다. 산비둘기가 구구구구 하고 날아왔습니다. 그리고 바리공주를 날개로 덮어 주었습니다. 조금 있다가 까치가 날아왔습니다. 까마귀가 날아왔습니다. 꿩이 날아왔습니다. 학이 날아왔습니다. 매가 날아왔습니다. 솔개가 날아왔습니다. 독수리가 날아왔습니다. 날아온 새들은 날개를 펴서 아기를 덮고 있는 비둘기 위를 덮었습니다.

산새들이 날개를 활짝 펴서 바리공주를 덮어 주니까 조금도 춥지 않았습니다.

평소에는 독수리가 비둘기를 잡아먹고 매가 꿩을 잡아먹는데, 지금은 다 바리공주를 위하느라고 친구가 되었습니다. 정말로 평화가 가득했습니다.

　이튿날 아침이 되니까 새들은 제각기 날아가고 호랑이가 나타났습니다. 새끼를 데리고 온 어미 호랑이는 바리공주에게 젖을 먹였습니다. 조금 뒤에는 어미 곰이 와서 바리공주에게 젖을 먹였습니다. 그 뒤로 어미 멧돼지가 오고, 어미 여우가 오고, 어미 늑대가 오고, 어미 사슴이 오고, 어미 노루가 오고,

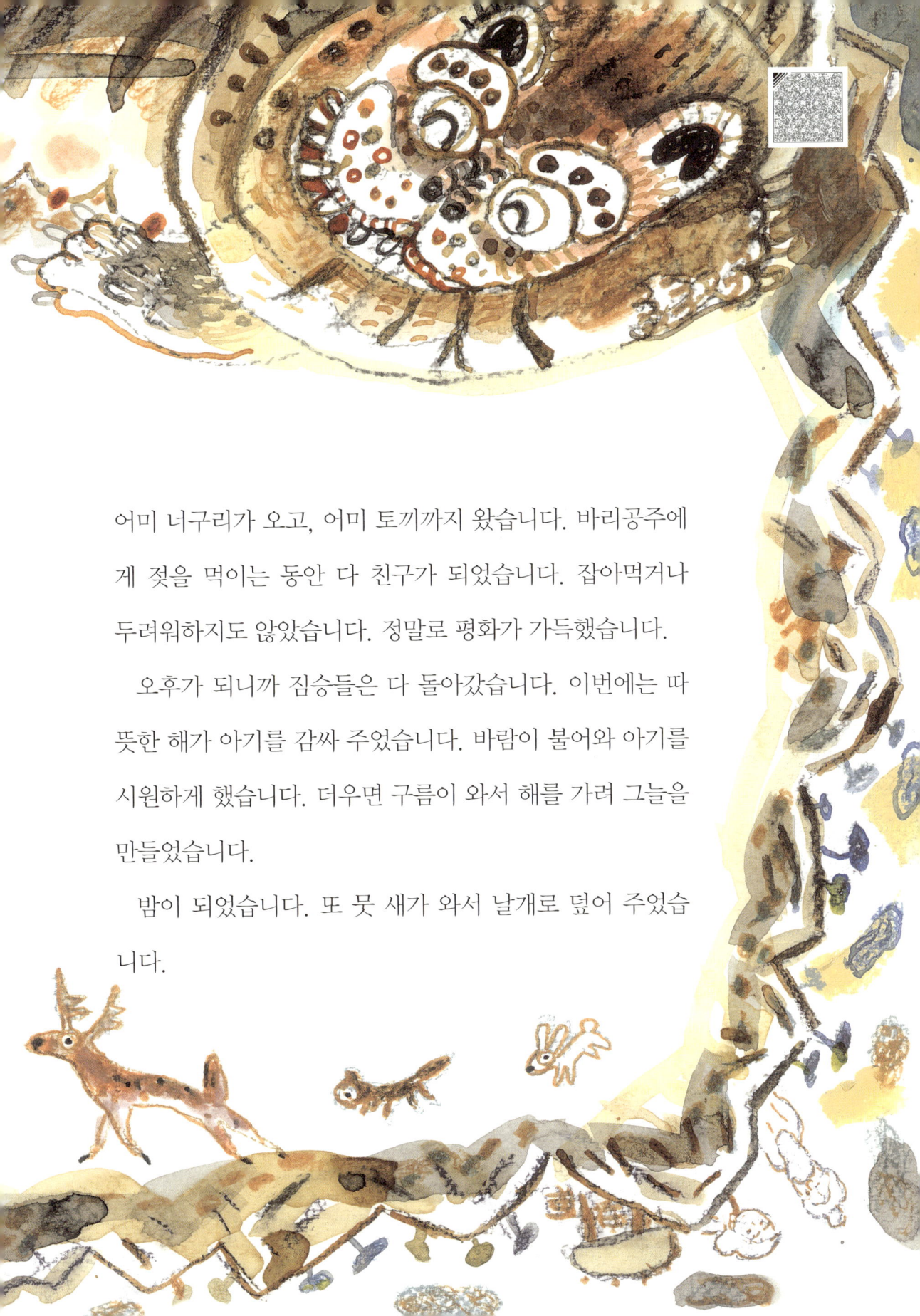

　어미 너구리가 오고, 어미 토끼까지 왔습니다. 바리공주에게 젖을 먹이는 동안 다 친구가 되었습니다. 잡아먹거나 두려워하지도 않았습니다. 정말로 평화가 가득했습니다.

　오후가 되니까 짐승들은 다 돌아갔습니다. 이번에는 따뜻한 해가 아기를 감싸 주었습니다. 바람이 불어와 아기를 시원하게 했습니다. 더우면 구름이 와서 해를 가려 그늘을 만들었습니다.

　밤이 되었습니다. 또 뭇 새가 와서 날개로 덮어 주었습니다.

아침이 되었습니다. 또 뭇 짐승이 와서 젖을 먹었습니다.

오후가 되었습니다. 또 해와 바람과 구름이 아기를 따뜻하게, 또는 시원하게 하였습니다.

이렇게 이레가 지났습니다. 아기는 제법 컸습니다. 방실방실 웃었습니다.

이 바리산에는 바리할아버지와 바리할머니가 살았는데 자식이 없어서 쓸쓸하였습니다. 산에 가서 약초를 캐고 산나물을 뜯는 일이 낙이라면 낙이었습니다. 그런 바리할아버지와 바리할머니가 약초를 캐고 날이 저물어 바쁘게 집으로 돌아가는 길이었습니다. 그런데 어디서 '응응' 하고 웃는 아기 소리가 났습니다.

"이 깊은 산중에 무슨 아기 소리일까?"

소리가 나는 곳에 가 보니, 이 무슨 일인가요? 갓난아기가 혼자 있는 것이었어요.

바리할아버지는 "누구 있어요? 아기 엄마, 어디 있어요?" 하고 소리를 질렀습니다. 그러나 메아리만 들려올 뿐 아무도 나타나지 않았습니다. 바리할아버지가 말했습니다.

"산짐승이 많이 다니는 위험한 곳인데 어떻게 하면 좋겠소? 바

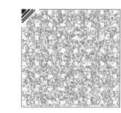

리할멈."

바리할머니가 대답하였습니다.

"어떻게 하기는요? 우리가 데려다가 길러야지요. 아기가 없어서 무척 쓸쓸한 우리에게 산신령님이 아기를 주셨나 봅니다."

이렇게 하여 바리할아버지가 바리공주를 안고 앞장서서 집으로 갔습니다. 그 뒤에는 바리할머니가 따라갔습니다. 멀찌감치 떨어져서 호랑이도 곰도 너구리도 여우도 늑대도 토끼도 뒤따라갔습니다. 그뿐인가요? 하늘에서는 독수리며 매며 까치며 까마귀며 학이며 비둘기며 솔개가 높이 날면서 바리할아버지와 바리할머니가 가는 곳을 지켜보았습니다.

바리할아버지와 바리할머니는 누가 버린 아이라 하여 바리데기라고 불렀습니다. 바리데기는 무럭무럭 잘 자랐습니다. 튼튼하고 씩씩하게 잘 컸습니다. 산에서 온갖 짐승하고 동무가 되어 놀았습니다. 여러 산새들도 몰려와서 같이 놀았습니다. 바리할아버지와 바리할머니는 바리데기를 애지중지 잘 길렀습니다.

나중에 바리할아버지는 이 주워다 기른 아기가 바리공주라는 사연을 들었습니다. 그러나 바리데기에게 말하지 않았습니다.

바리할머니는 끼니 때가 되면 딸을 불렀습니다.

"바리데기야, 밥 먹어라."

"네, 어머니, 곧 갑니다."

먼 데를 갔을 때는 호랑이가 얼른 나타나 태워서 집으로 달려왔습니다.

바리할아버지가 땅을 일구면서 딸에게 말했습니다.

"바리데기야, 어서 씨 뿌리자."

"네, 아버지. 씨를 잘 뿌리겠습니다."

어느 때는 새가 많이 와서 씨앗을 부리로 물고 날아다니면서 골고루 뿌리기도 하였습니다.

바리데기가 이렇게 행복하게 자라는 가운데 어느새 어여쁜 열다섯 살이 되었습니다.

바리데기가 크는 동안 임금님은 나이를 먹어 갔습니다. 몸도 허약해지고 무엇보다 마음에 깊은 병이 생겼습니다.

"어린 핏덩이를 산에다 버리라고 하다니…… 나는 아버지 자격도 없다. 자기 자식을 짐승의 밥으로 만들라고 하다니…… 나는 임금 자격도 없다. 죽어 마땅하다."

임금님은 점점 더 병이 심해졌습니다.

"아, 우리 막내공주야, 일곱째 공주야, 바리공주야……. 아버지가 이렇게 후회를 하고 있다. 만나면 용서해 달라고 빌겠다. 바리공주, 너는 어디 있느냐……. 어떻게 하면 너를 볼 수 있느냐……. 죽기 전에 볼 수만 있다면 한이 없겠다……. 너를 보면 병도 나을 것이다……."

바리공주 언니인 여섯 공주는 자신들은 뒷전으로 밀어 두고 밉다고 버린 바리공주만 찾는 임금님이 섭섭하였습니다.

"우리들도 아버님 병이 나을 수만 있다면 무슨 일이든 할 수 있어요."

왕의 병을 고치러 온 훌륭한 의원이 여섯 공주의 말을 듣고 말하였습니다.

"임금님의 병을 낫게 할 방법이 있습니다. 서천 서역국에 가서 생명수를 길어 오고, 숨살이꽃과 뼈살이꽃과 살살이꽃 세 송이를 꺾어 와서 몸에 대면 병이 낫습니다. 하지만 가는 길이 무척 멀고 험하지요. 누가 갈 수 있나요?"

여섯 공주는 이전에 한 말은 잊어 버리고 말합니다.

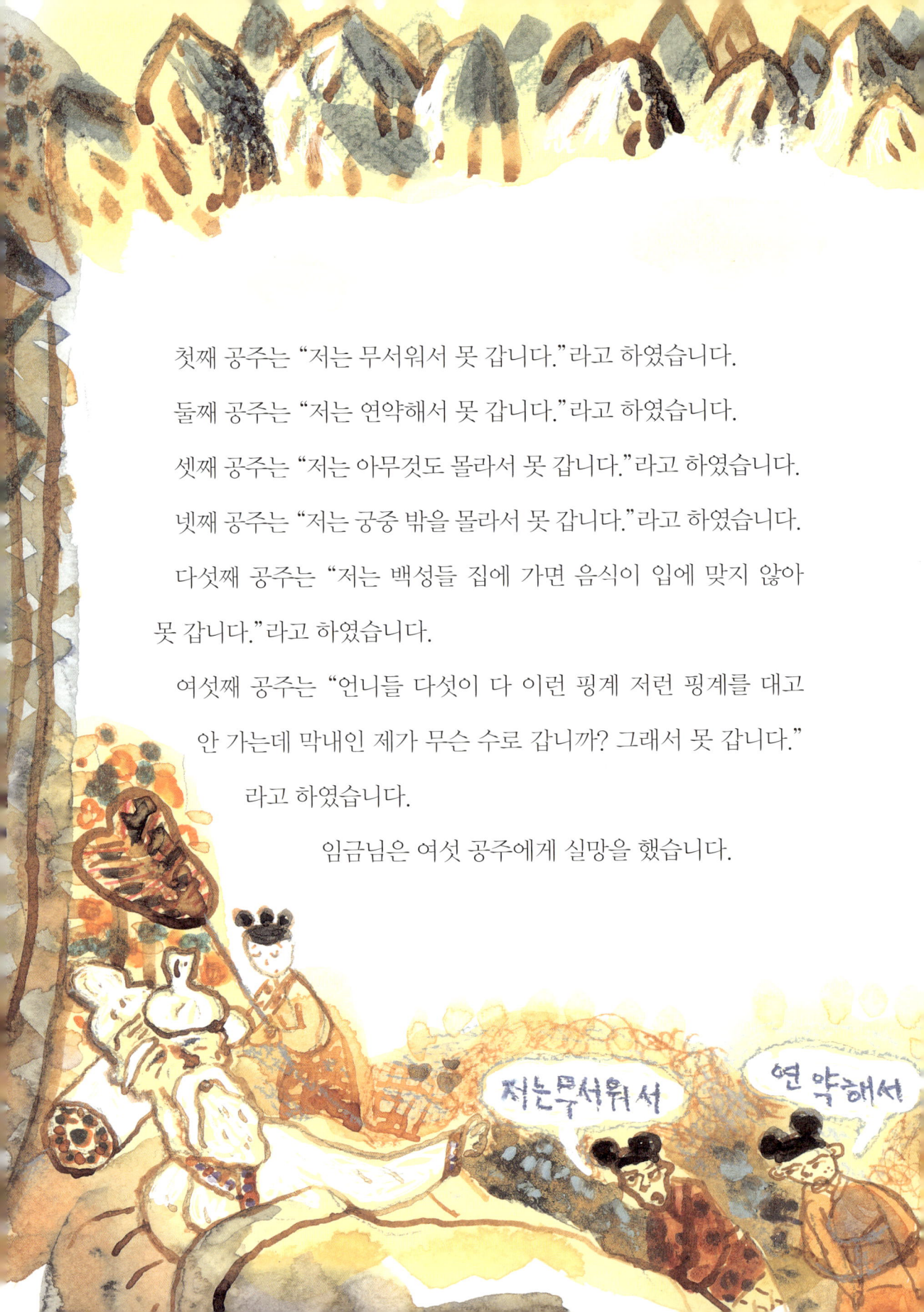

첫째 공주는 "저는 무서워서 못 갑니다."라고 하였습니다.

둘째 공주는 "저는 연약해서 못 갑니다."라고 하였습니다.

셋째 공주는 "저는 아무것도 몰라서 못 갑니다."라고 하였습니다.

넷째 공주는 "저는 궁중 밖을 몰라서 못 갑니다."라고 하였습니다.

다섯째 공주는 "저는 백성들 집에 가면 음식이 입에 맞지 않아 못 갑니다."라고 하였습니다.

여섯째 공주는 "언니들 다섯이 다 이런 핑계 저런 핑계를 대고 안 가는데 막내인 제가 무슨 수로 갑니까? 그래서 못 갑니다."라고 하였습니다.

임금님은 여섯 공주에게 실망을 했습니다.

"내가 죽기 전에 바리공주를 꼭 보고 싶다."

임금님은 바리공주를 찾으라고 명령했습니다.

임금님이 바리공주를 찾는다는 소문이 전국에 널리 퍼졌습니다. 바리산에 사는 바리할아버지와 바리할머니도 그 소문을 들었습니다.

바리할아버지와 바리할머니가 딸에게 물었습니다.

"바리데기야, 우리가 누구냐?"

"저를 낳아 주시고 길러 주신 고마운 분, 하늘 아래 둘도 없는 우리 아버지요, 우리 어머니가 아닙니까? 새삼스럽게 왜 묻습니까?"

그러자 바리할아버지와 바리할머니는 딸 바리데기 앞에 넙죽 엎

드려서 절을 하였습니다. 바리데기는 놀라서 물었습니다.

"아버지, 어머니, 갑자기 왜 이러십니까?"

"아, 당신은 이제 바리데기가 아니고 우리 딸이 아닙니다. 우리나라 일곱째 공주인 바리공주올시다. 임금님이 이 산중에 버려서 우리 늙은이가 거두어서 딸을 삼아 십육 년간 길렀던 것입니다. 이제 아버지인 임금님이 바리공주를 찾는다고 하니 가 보십시오."

그러자 바리공주는 눈이 휘둥그레졌습니다.

"제가 바리공주라고요? 아닙니다. 저는 이 산중에서 태어났고 산중 부모님이 기르신 바리데기올시다."

바리할아버지와 바리할머니는 임금님이 바리공주를 왜 버리게 되었는지 쭈욱 이야기를 하였습니다. 바리공주는 다 듣고 나서 차갑게 말했습니다.

"그런 인정 없는 임금님이 아버지라고요? 일곱째 딸이라고 무정하게 자식을 버리다니! 그런 목석 같은 분이 저를 뒤늦게 보고 싶다고요? 흥, 그런 분이 죽든지 말든지 저와 무슨 상관이 있어요?"

"공주님, 그래도 당신을 낳아 준 부모님이십니다. 임금님은 지금 후회를 하고 계십니다. 돌아가시기 전에 만나 보고 싶다고 병까지

들었는데 그런 무정한 말을 하십니까? 전에는 아버지가 무정하고 지금은 딸이 무정하군요. 허 참, 우리 내외가 공주님을 무정한 사람으로 길렀던가요?"

바리할아버지와 바리할머니는 눈물이 글썽글썽하였습니다. 그제서야 바리공주도 울면서 말했습니다.

"전들 병이 들었다는 아버지 임금님을 왜 보고 싶지 않겠습니까? 하오나 갓난아기였던 저를 버렸다고 하니 속이 상하여 짐짓 해 보는 소리였습니다. 아버지, 어머니, 저를 궁에 데려다 주십시오."

이리하여 바리공주는 궁중에 가서 임금님을 뵈었습니다. 임금님은 바리할아버지와 바리할머니의 이야기를 듣고 딸 바리공주에게 얼마나 용서를 빌었는지 모릅니다.

바리공주는 한참 울다가 말했습니다.

"서쪽 나라, 서천 서역국에 가서 생명수를 떠오고 사람을 살리는 꽃도 꺾어 오겠습니다. 제가 돌아올 때까지 돌아가시지 말고 살아 계십시오."

바리공주는 용감하게 서쪽으로 갔습니다.

바리공주는 가고 또 갔습니다. 빨래하는 사람에게는 빨래를 해

주고 서쪽 나라 가는 길을 물어 알고, 농사를 짓는 사람에게는 농사를 지어 주고 서쪽 나라 가는 길을 물어 알고, 까마귀에게는 더러운 구더기를 세 말이나 잡아 주고 서쪽 나라 가는 길을 물어 알았습니다.

드디어 서쪽 나라에 당도하였습니다. 큰 산이 있었습니다. 그 산 입구에는 우락부락하게 못생긴 남자 하나가 떡 버티고 있었습니다. 그 남자는 산이 무너질 듯이 큰 소리로 퉁명스럽게 말했습니다.

"내 이름은 삼각무쇠다. 여기는 날아다니는 새도 못 오는 먼 먼 곳인데, 왜 왔는고?"

"아버지인 임금님이 병환 중이신데 살려 낼 약과 꽃을 구하러 저 멀리 조선나라에서 여기까지 왔습니다. 삼각무쇠님."

"그으래? 그러면 나의 옷을 빨아 주고 나의 농사를 지어 주겠느냐?"

"예, 기꺼이 하겠습니다. 삼각무쇠님."

"흥, 말은 쉽구먼. 그러면 나하고 십 년을 살면서 아들 셋을 낳아 줄 수 있겠는가?"

"예. 기꺼이 하겠습니다, 삼각무쇠님."

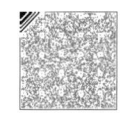

그러니까 삼각무쇠는 들어오라고 하였습니다.

일 년이 갔습니다. 이 년, 삼 년, 사 년, 오 년, 육 년, 칠 년, 팔 년, 구 년이 흘렀습니다. 그 사이에 아들 셋을 낳았습니다. 첫째 아들은 백두요, 둘째 아들은 한라요, 셋째 아들은 지리라고 하였습니다.

만 십 년이 되던 날, 바리공주는 남편 삼각무쇠에게 말하였습니다.

"약속대로 십 년간 당신이 요구한 대로 다 해 주었으니 이제 생명수와 숨살이꽃과 뼈살이꽃과 살살이꽃을 주세요."

삼각무쇠는 뒷문을 열고 말하였습니다.

"저기 생명수 샘물이 있다. 여기 꽃들이 있다. 가져가거라."

바리공주는 매우 기뻐서 생명수를 한 바가지 뜨고, 사람을 살리는 꽃 세 가지를 꺾고, 아버지인 임금님이 계신 곳 조선나라로 출발했습니다.

남편인 삼각무쇠와 세 아들, 백두와 한라와 지리가 바리공주 뒤를 따라 나섰습니다. 남편과 아들이 생명수를 대신 들어 주겠다고 하여도 막무가내로 바리공주는 자기가 직접 들고 그 먼 먼 길을 걸어서 드디어 조선나라 궁중에 당도하였습니다.

그런데 슬픈 울음소리가 들려오고 상여가 나오고 있었습니다.

> 어화 어화 어화 넘차 너화
> 임금님이 가시는 길 북망산을 가시는 길
> 한번 가면 언제 오시나 잘 가시오 임금님
> 어화 어화 어화 넘차 너화

임금님이 돌아가셔서 무덤으로 가는 중이었지요. 아, 고생 고생 상고생을 한 바리공주는 어쩌란 말인가요? 십 년간이나 그토록 공을 들여서 간신히 생명수도 구하고 사람을 살리는 꽃도 가져왔건만 이렇게 허사가 되다니, 바리공주는 아찔하였습니다. 그러나 이내 정신을 차리고 상여로 달려갔습니다. 그리고 씩씩하고 다급하게 명령하였습니다.

"상여를 세워라. 상여를 땅에 내려라. 관 끈을 풀어라. 관을 열어라. 수의를 벗겨라. 어서 어서 임금님 얼굴과 손발을 드러내 놓아라."

신하들은 명령에 따랐습니다. 바리공주를 기다리고 기다리다가 딸이 오는 것을 못 보고 돌아가신 임금님, 십 년 동안 한시라도 잊지 아니하였던 아버지의 얼굴을 어루만졌습니다.

바리공주는 임금님 시신의 코에다가 숨살이꽃을 대었습니다. 그러자 이내 임금님은 숨을 쉬었습니다.

임금님의 손과 발에 뼈살이꽃을 대었습니다. 그러자 즉시 임금님의 손과 발이 움직였습니다.

　임금님의 얼굴에 살살이꽃을 대었습니다. 그러자 바로 임금님의 얼굴에 화색이 돌았습니다.

　이번에는 꼭 다물고 있는 임금님 입을 열고 생명수를 부었습니다. 그러자 살아난 듯 임금님은 꿀꺽꿀꺽 생명수를 마셨습니다.

　그러고는 벌떡 일어나 앉더니 기지개를 켜면서 말했습니다.

　"아, 잘 잤다. 아니, 바리공주야 언제 왔느냐? 얼마나 보고 싶었는지 모른다.

내가 잠깐 잠든 사이에 왔나 보구나. 반갑구나, 내 딸아."

그러더니 일어나서 덩실덩실 춤을 추고 노래를 불렀습니다. 상여의 슬픈 노래가 기쁜 축복의 노래로 바뀌었습니다.

노래가 끝나자 바리공주는 임금님에게 다가가서 말하였습니다.

"저는 시집을 갔어요. 저의 신랑은 삼각무쇠예요. 여보, 장인어른께 큰절하세요. 아들 셋도 낳았어요. 백두요, 한라요, 지리입니다. 애들아, 외할아버지께 큰절하여라."

임금님은 눈이 휘둥그레졌습니다. 바리공주는 벌써 시집을 가서 자기도 못 낳은 아들 셋을 낳은 것이었지요. 바리공주가 말하였습니다.

"아버지, 우리 신랑 삼각무쇠는 서울을 지키는 삼각산 산신령으로 삼아 주세요. 첫째 아들 백두는 북쪽을 지키는 백두산 산신령으로 삼아 주세요. 둘째 아들 한라는 남쪽을 지키는 한라산 산신령으로 삼아 주세요. 셋째 아들 지리는 가운데를 지키는 지리산 산신령으로 삼아 주세요. 저는 저승을 오고 가면서 염라대왕을 찾아 뵙고 금방 죽은 사람을 변호하여 지옥에 가지 않도록 도울 것입니다."

"아니, 네가 저승을 드나들 수 있다는 말이냐? 염라대왕하고 그

리 친하냐?"

"예. 저는 세상 모든 것을 다 가진 임금님을 아버지로 두었지만 낳은 지 이레만에 산속에 버려졌습니다. 부모에게 잘못한 것도 없는 어린 것을 버리라고 하였으니 임금님이 부모 노릇을 못한 거지요."

이 대목을 들은 임금님은 울면서 말하였습니다.

"그래. 나는 애비 노릇을 못했단다. 용서해 다오."

"호의호식 호강하던 여섯 언니들도 서쪽 나라에 임금님을 살리는 약이 있고 꽃이 있건만 이 핑계 저 핑계를 대고 안 갔지요. 저는 그 서쪽 나라를 오직 낳아 주신 것을 고맙게 생각하여 목숨을 걸고 갔지요. 거기서 한 번도 본 적이 없는 우락부락한 삼각무쇠에게 시집을 가고 십 년이나 기다려서 아들 셋을 낳아 주고 가까스로 약을 구하고 꽃을 구해 왔습니다. 그런 저를 보고 염라대왕이 말했습니다.

'세상에 수천 수만 사람이 있다 해도 바리공주만 한 사람이 어디 있을까? 일등 효녀 바리공주, 인류 구원 바리공주, 당신만은 저승을 드나들 수 있소. 당신이 변호하면 나쁜 사람도 내가 잘 보아서

극락으로 보내겠소.'

그래서 저는 저승을 드나들 수 있게 되었습니다."

임금님은 감동을 하였습니다.

"그래, 네가 한 일에 염라대왕도 감탄을 하였구나! 염라대왕이 네 말을 들을 만하다."

임금님은 바리공주를 위해 노래를 불러 주었습니다.

바리 바리 바리공주
이레만에 버려진 몸
산중 새들 덮어 주고
산중 짐승 젖 먹이네

아버지를 살리려고
서쪽 나라 찾아가서
사랑 없이 시집가고
아들 셋을 낳고서는
우리나라 돌아와서

죽은 부모 살린다네

저승에를 들명날명
죽은 사람 구제하네
바리 바리 바리공주
자식 노릇 일등일세

생각해 봅시다

신화 이야기 ❻ 저승 신화

바리공주는 어떻게 해서 저승을 넘나들게 되었나요?

사람은 누구나 한 번 태어나면 죽게 마련입니다. 그래서 한 번뿐인 삶이라는 뜻으로 일생(一生)이라고 합니다. 그러면 죽고 나서는 어찌 될까요? 아무도 모릅니다. 죽으면 그만이기 때문입니다.

하지만 죽고 나서 어찌 되는지 아무도 모르니까 이 세상에서 아무렇게나 살아도 된다고 생각하지는 않습니다. 대부분의 사람들은 '살았을 때 죄를 지으면 벌을 받듯이 죽어서도 당연히 벌을 받는다.'고 믿습니다. 그렇게 믿어야 합니다. 죄인과 악인이 살았을 때도 무사하고 죽고 나서도 무사하다면, 양심이나 도덕이나 법률이나 종교가 무슨 소용이 있겠습니까?

그래서 사람은 죽으면 저세상에 간다는 말이 나왔습니다. 사람이 죽어서 가는 저세상, 저승, 내세가 분명 있다면, 거기에 사람이 살았을 때 평생 저지른 좋고 나쁜 것을 심판하는 저승의 심판자가 있을 것입니다. 이 이야기에서 심판자는 염라대왕입니다.

바리공주는 아버지인 임금님이 내버린 딸입니다. 하지만 아버지의 병을 낫게 하려고 죽을지도 모르는 위험한 곳으로 떠납니다. 그리고 돌아와 아버지를 살려 냅니다. 자신을 버린 아버지를 용서하였으니 바리공주에게는 이제 감싸지 못할 원한도, 씻어 주지 못할 죄도 없습니다.

이런 바리공주의 행동은 감동을 줍니다. 심지어 저승의 심판자인 염라대왕

조차 바리공주를 칭송하면서 바리공주가 원하는 대로 다 들어주기로 한 것입니다. 바리공주는 다시 어둠의 땅인 저승을 드나들며 죽은 사람을 변호하는 일을 합니다.

이 세상에 살면서 죄를 하나도 안 짓고 사는 사람은 없습니다. 그러니 사람이 죽어서 심판을 받을 때 저승의 심판자 앞에서 모두 벌벌 떨 수밖에 없을 겁니다. 바리공주는 그런 인간을 불쌍히 여겨 저승의 심판자 앞에서 인간을 변호하려는 것입니다.

바리데기는 '오구신'이 되었습니다. 오구신은 죽은 사람을 저승길로 이끌어 주는 일을 맡은 신입니다. 바리할아버지와 바리할머니는 저승길을 지키는 신이 되었습니다. 노제에 차린 음식은 바리할아버지와 바리할머니가 먹는다고 합니다. 바리데기 아들 삼 형제는 저승을 다스리는 왕이 되었습니다. 저승을 다스리는 왕은 모두 열인데, 그중에 제일 높은 왕은 염라대왕입니다.

이런 이야기를 간직한 바리는 무당들에게 특별했습니다. 무당들은 바리를 조상신으로 섬겨 왔습니다. 바리데기의 저승 여행이 무당이 신을 접하는 상태에서 체험하는 것처럼 여겨졌기 때문입니다. 바리데기 자신이 신화 속에서 무당의 역할을 하고 있다는 뜻입니다. 예전에는 무당을 보통 사람과는 다른 힘을 가진 사람으로 여겼습니다.

바리데기는 원망을 은혜로 갚았을 뿐 아니라 온갖 어려움을 이겨 내고 여신이 되었습니다. 우리도 염라대왕까지 감동한 바리공주를 본받는다면 죽은 뒤의 세계가 그렇게 두렵지는 않을 겁니다.

산방덕이 하늘에서 내려와 산신이 되었어요

옛날에 옛날에 제주도에 포수가 하나 살았습니다.

이 포수는 힘이 장사인 데다, 활을 백 번 쏘면 백 번을 다 맞추는 백발백중의 명궁이었답니다.

포수가 하루는 한라산으로 사냥을 나갔습니다.

눈이 많이 와서 온 천하가 다 눈처럼 새하얗게 되었습니다.

바로 그때 하느님도 한라산을 내려다보고 있었습니다.

"오, 하얀 세상이 정말 아름답군! 내 사슴들에게 저 깨끗하고 하얀 눈을 먹게 하면 좋겠는걸. 그리고 보니 나도 눈을 먹고 싶군."

하느님은 잠시 생각을 했습니다.

"옳지! 하얀 사슴 여러 마리를 한라산에 내려 보낼 때 나도 하얀 사슴이 되어 슬쩍 그 무리에 끼어 가야겠구나. 아니, 이왕 가는 거 내가 대장이 되어 하얀 사슴 무리를 이끌어야겠군."

하느님은 주문을 외웠어요. 그러자 하느님은 하얀 사슴, 즉 한문으로 백록(白鹿)이 되었습니다.

하얀 사슴이 된 하느님은 하얀 사슴들을 이끌고 하늘에서 내려와 하얀 눈을 맛있게 핥아 먹고 있었습니다.

이때 활을 잘 쏘는 그 포수가 눈이 덮인 한라산에 올라왔습니다. 포수가 사방을 둘러보니 하얀 눈만 있고, 검은 멧돼지나 노란 사슴 같은 산짐승은 하나도 보이지 않았습니다.

"어허, 오늘은 허탕이구나. 사냥감이 없네 그려."

그래도 그냥 돌아갈 수 없어서 혹시나 산토끼 같은 작은 사냥감이라도 있을까 하고 다시 사방을 둘레둘레 자세히 살펴 보는데, 하얀 눈덩이가 여럿 움직이는 게 보였습니다. 눈사태가 나서 눈이 쏟아져 내리는 것인가 하고 보니, 아니었습니다. 자세히 보니, 놀랍게도 하얀 눈을 먹고 있는 하얀 사슴 떼였습니다.

"참, 놀랍구나. 하얀 사슴이 저렇게 많다니……. 내 평생 처음 보는데. 자, 사냥감이 생겼으니 어떤 놈을 잡을까? 오라, 저기 큰 놈 대장이 있구나."

화살을 쏘았습니다. 화살이 대장 사슴을 향하여 '피우웅!' 날아갔습니다. 대장 사슴은 화살이 날아오는 것을 알고 피하려 하였으나 화살이 빨랐습니다.

"앗!"

배에 맞았습니다. 새빨간 피가 새하얀 눈에 떨어졌습니다.

화가 머리끝까지 난 하얀 사슴 대장, 곧 하느님은, "너 이 녀석, 감히 내 배를 맞혀? 포수놈! 살려 둘 수 없다!" 하고 포수가 있는 한라산 꼭대기를 한 움큼 집어던졌습니다.

"휘이익!"

꼭대기 흙 한 줌이 멀리 날아가면서 포수는 흙과 함께 그만 바다에 '풍덩!' 떨어져서 죽고 말았습니다.

하느님은 하얀 사슴들을 다 불러들여서 하늘로 올라갔습니다.

하느님이 하늘에서 화살 맞은 배를 치료하면서 한라산을 내려다보니, 하얀 눈 한가운데가 폭 파였습니다. 하느님이 흙을 집어 낸

곳에 웅덩이가 생기고, 그곳에 눈이 녹아서 연못이 된 것입니다.

"음, 저 한라산 꼭대기 연못을 하얀 사슴 못, 달리 말하여 백록담(白鹿潭)이라고 하자!"

그래서 지금 한라산 꼭대기에 백두산 천지 같은 호수가 있는데, 이를 백록담이라고 부르게 되었습니다.

하느님이 집어던진 흙 한 줌은 백 리 바깥에 '뚝!' 떨어졌습니다. 이것이 지금 제주도 남제주군 안덕면 화순리에 있는 종처럼 생긴 산방산입니다. 높이는 395미터인데, 산방산을 불끈 들어서 한라산 백록담에 넣으면 딱 맞을 크기입니다.

그 하늘나라 하느님에게 공주가 하나 있었습니다. 이 공주는 이름이 산방덕입니다.

　산방덕 공주는 한라산에 하얀 사슴이 되어 내려갔다가 그만 포수에게 죽을 뻔하고 한라산 꼭대기 흙을 던져 산이 하나 생긴 이야기를 듣고, 그 산이 어떻게 생겼는가 내려다보곤 하였습니다.

　그런데 거기에 한 총각이 나무를 하고 있었습니다. 산방덕 공주는 산에서 힘들여 나무를 하고 사는 총각을 열심히 내려다보고, 또 내려다보았습니다. 아주 잘생긴 얼굴이었습니다.

　그 총각은 혼자 살고 있었습니다. 어느 날 총각이 노래를 불렀습니다. 공주는 귀 기울여 들었습니다.

　"힘들구나, 힘들구나. 그 누가 있어 이 힘든 일을 같이 할까? 외롭구나, 외롭구나. 그 누가 있어 이 외로움을 같이 나눌까? 없던 산이 생겨나서 일할 터전 생겼지만, 내 님 없어 쓸쓸하다. 나 힘들 때 힘 되어 주고 나 외로울 때 벗 되어 주는 그 누구, 내 님아!"

　산방덕 공주는 그만 눈물이 핑 돌았습니다. 하느님을 찾아갔습니다.

　"아바마마, 아버님이 만든 산에 총각 하나가 사는데 이런 노래를 부릅니다."

　하느님도 공주가 들려준 총각의 노래를 듣고 눈물이 글썽글썽하였습니다.

"산방덕 공주야, 네 마음을 알겠다. 너도 외동이라서 쓸쓸하니까 저 총각이 쓸쓸한 것을 아는구나. 저 산을 너에게 줄 것이니, 이제 저 산의 산신이 되어 다스리도록 하라. 산은 네 이름을 따서 산방산이라고 부르겠다. 저 총각과 행복하게 살아라."

"아바마마, 고맙습니다. 꼭 행복하게 살겠습니다."

"그런데, 인간 세상이 너무 흉악해서 네가 행복할지 모르겠구나. 네가 행복하지 않다면 너를 여기로 도로 불러올 것이다."

"아바마마, 그런 일은 없을 것이오니 안심하소서."

산방덕 공주는 사뿐히 산방산으로 내려갔습니다. 그리고 나물을 캐는 처녀로 변하였습니다. 산에 나무를 하러 온 총각이 나물을 캐는 산방덕 처녀를 만났습니다.

총각이 말했습니다.

"아, 예뻐라. 처음 보는 분인데 어디서 왔습니까?"

"저저…… 음음…… 어어……. 한라산 밑에서 살다가 여기가 좋아 저 혼자 이사를 왔습니다."

"아, 그렇군요. 나도 이 산에서 혼자 사는데……. 혼자 있으시다

면 우리 벗하고 살면 어떨까요?"

"네, 좋습니다."

그리하여서 총각과 처녀는 벗이 되고, 벗하다 보니 사랑을 하고, 사랑하다 보니 혼인을 하게 되고……. 이리하여 그들은 행복하게 살았습니다. 총각은 남편이 되어 더욱 열심히 일하고, 산방덕 공주는 한 사람의 아내가 되었지요.

그들이 보금자리를 튼 곳은 굴이었습니다.

둘은 노래를 부르고 춤을 추고 행복에 겨워 매일 웃음꽃을 피웠습니다. 이렇게 좋을 수가 있을까요?

이것을 내려다본 하느님은 공주의 소원이 이루어져서 아주 흐뭇하였습니다.

사람들은 이들을 축복하고 부러워했습니다. 그런데 어떤 고약한 사람이 질투하여 관가에다가 일러바쳤습니다.

"저 산에 사는 총각이 어디서 왔는지 모를 천하 미인, 아니 어디서 훔쳐 왔는지 모를 예쁜 여자를 데리고 산답니다. 한번 조사를 해 보십시오."

그러자 원님은 눈이 휘둥그레지면서 말했습니다.

"뭐? 그런 일이 있었어? 즉시 조사하고 말고! 그 수상한 남편이라는 놈을 잡아 오너라!"

그러면서 속으로 웃었습니다.

'그 여자가 천하일색이라고? 흐흐흐, 예쁘다고? 그럼 내가 데리고 살아야지. 히히히히……'

남편은 어찌 된 영문인지도 모르고 끌려 와서 원님 앞에 섰습니다.

"네 이놈! 네가 데리고 사는 여자를 어디서 훔쳐 왔느냐! 남의 집 귀한 딸을 강제로 데려와 제 각시로 삼다니, 네 이놈! 도대체 그 여자는 어디서 끌고 왔느냐? 원래 여자 집에, 그 부모에게 돌려보내는 것이 원님으로서 할 도리이니 어서 자백하거라."

원님의 말에 남편은 당당하게 말했습니다.

"제가 산에서 나무를 하고 있는데, 웬 여자가 나타나서 한라산에서 이사를 왔다고 하여 우리는 같이 산 것뿐입니다. 결코 강제로 끌고 온 것이 아닙니다."

"어허, 저놈 말하는 것 보게나? 감히 원님을 속이다니! 여기서 백 리나 떨어진 한라산에서 여자 혼자 몸으로 이사를 와? 그 높고

험한 한라산에서 연약한 여자가 살았다고? 거기가 사람이 살 곳이냐? 산신령이 사는 곳이지. 말도 안 되는 소리만 하는구나!"

"아닙니다! 거짓말이 아닙니다! 억울합니다!"

"음, 원님에게 대들다니? 여봐라! 저놈을 매우 쳐랏!"

그리하여서 남편은 매를 맞고 감옥에 갇혔습니다.

그날 밤 원님은 기분이 아주 좋았습니다.

"저 남편이라는 놈의 말이 맞는지도 몰라. 산에서 젊은 남녀가 만나 좋아하고 사랑하고 같이 산 것이지. 그렇지만 나는 저놈에게 죄를 뒤집어씌울 것이야. 히히히. 이제 그 천하일색이라는 그 여자는 내 것이다."

원님은 덩실덩실 춤을 추었습니다. 그러다가 밤늦게 잠이 들었는데 꿈에 예쁜 여자가 나타나서 꾸짖었습니다.

"이놈, 나쁜 놈아! 나는 산방산 산신이다. 원래는 하늘나라 공주였다. 나는 그 총각이 혼자 사는 것이 불쌍해서 사람으로 변해 부부가 되어 주었다. 너는 우리 행복을 깨 버렸구나. 원님이 되어서 백성을 못살게 굴다니 될 법이나 한 일이냐! 날이 새면 즉시 우리 남편을 치료해서 돌려보내라. 그리 안 하면 너를 죽이겠다. 내일

밤 안으로 죽일 것이다. 알겠느냐!"

"네, 네……. 잘못했습니다. 시키신 대로 할 테니까 제발 살려만 주십시오."

원님은 손이 발이 되도록 싹싹 빌었습니다. 밤 사이에 꿈에서 혼이 난 원님은 이튿날 날이 새자마자 남편을 풀어 주었습니다. 남편은 절뚝절뚝 걸어서 산방굴 집으로 돌아왔습니다.

"여보, 나 돌아왔소!"

그러나 아무도 없었습니다. 남편은 아내를 더 크게 불렀습니다. 아, 그래도 사랑하는 아내는 없었습니다. 아내를 부르다가 부르다가 지쳐서 잠이 들었습니다. 꿈에 아내가 나타났습니다.

"여보, 미안합니다. 당신이 매를 맞고 내가 우는 것을 보고 아바마마께서 말씀하셨습니다.

'산방덕 공주야. 너는 하늘나라에서는 나의 사랑하는 딸이요, 땅에서는 산방산 여신이다. 세상 사람과 사랑을 하여 행복하게 살려고 하지만, 저런 원님 같은 자가 너희를 괴롭힌다. 이것이 끝이 아니다. 원님이 바뀌면 새로 온 원님은 또 너를 욕심 내고, 그러면 네 남편은 줄곧 고통을 받을 것이니 너는 하늘로 올라오너라.'

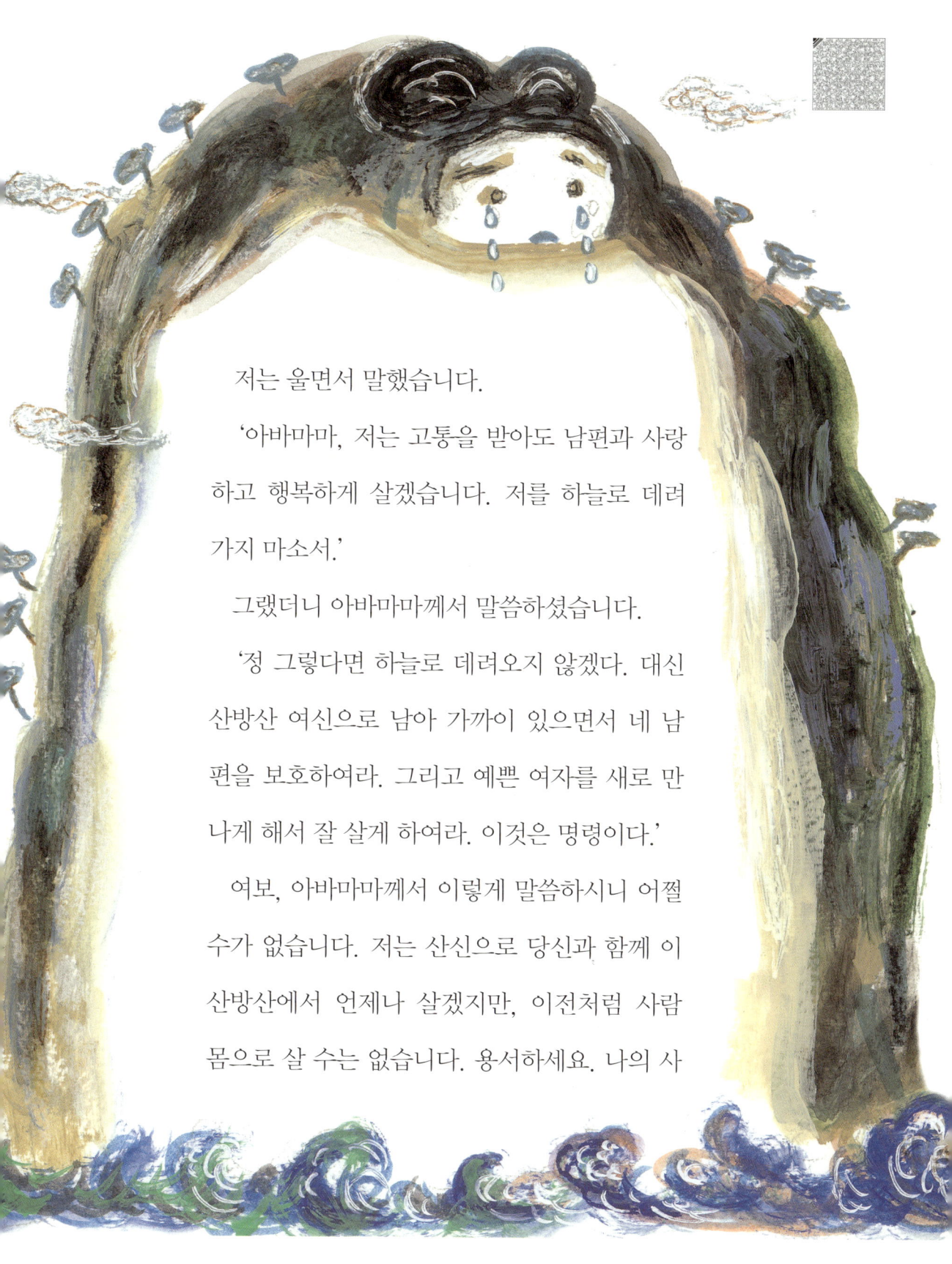

저는 울면서 말했습니다.

'아바마마, 저는 고통을 받아도 남편과 사랑하고 행복하게 살겠습니다. 저를 하늘로 데려가지 마소서.'

그랬더니 아바마마께서 말씀하셨습니다.

'정 그렇다면 하늘로 데려오지 않겠다. 대신 산방산 여신으로 남아 가까이 있으면서 네 남편을 보호하여라. 그리고 예쁜 여자를 새로 만나게 해서 잘 살게 하여라. 이것은 명령이다.'

여보, 아바마마께서 이렇게 말씀하시니 어쩔 수가 없습니다. 저는 산신으로 당신과 함께 이 산방산에서 언제나 살겠지만, 이전처럼 사람 몸으로 살 수는 없습니다. 용서하세요. 나의 사랑은 변함이 없습니다. 다만 눈물과 슬픔과 안타까움이 더해진 사랑일 뿐입니다. 부디 다른 여자를 만나서 행복하게 사세요. 흑흑흑……."

남편은 몸부림치면서 울고 또 울었습니다.

"여보, 내가 어떤 여자와 살겠소? 나는 이 산방산에서 산방덕 여신을 아내로 삼아 살겠소. 남들이 보기에는 혼자 산다고 하겠지만

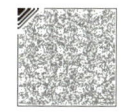

나는 당신과 영원히 부부로 살겠소. 나는, 나는 이전처럼 외롭지 않소. 당신이랑 여기서 함께 사니까."

그러자 그들 보금자리였던 산방굴 천장에서 아내의 눈물이 뚝뚝 떨어졌습니다. 굴 아래에서는 남편의 눈물이 솟아났습니다. 물이 고인 작은 연못이 생겼습니다.

남편은 훗날 죽어서 산방산을 지키는 남자 산신이 되었습니다. 부부 산신은 다시 만나서 부부가 되었습니다.

지금도 그 산방산 산신 부부는 의좋게 산답니다. 다만 그때 흘리던 눈물은 사랑의 애틋함을 전하려고 지금도 한 방울 한 방울씩 떨어지고 있답니다. 그래서 산방굴 천장에서는 지금도 물이 떨어집니다.

생각해 봅시다

신화 이야기 7 산천 신화

산천은 어떻게 생겨났나요?

사람들은 모든 자연에 생기는 현상에 대하여 궁금증을 가졌습니다. 그리고 이야기를 만들었습니다. 산천이 어떻게 생겨났는지, 산과 강의 유래에 대해서 말입니다.

산방덕 이야기는 제주도의 산천이 어떻게 생겨났는지를 말해 주는 신화로서 한라산과 산방산을 관련지어서 이야기를 합니다.

제주도의 산방산은 어떤 모습일까요? 산방산은 종처럼 생긴 화산으로 우아하고 웅장한 모습입니다. 산방산의 아름다운 풍경은 신비롭다는 느낌을 줍니다. 가끔 산허리에 안개가 끼고, 정상이 안개와 구름에 묻히기도 합니다.

한라산 꼭대기에 백록담, 곧 하얀 사슴 못이라는 곳이 있습니다. 한라산은 1,950미터 높이로 자주 하얀 구름 속에 묻힙니다. 하얀 구름이 마치 하얀 사슴 떼로 보입니다.

제주도 한중간에 있는 웅장한 한라산과 제주도 남쪽 해안가에 있는 신비로운 산방산, 이 두 산을 하나로 묶어서 산방덕 이야기를 한 것입니다. 얼마나 상상력이 풍부합니까!

여신과 남자는 사랑을 하였습니다. 사랑은 어떤 신분이라도 뛰어넘습니다. 하지만 그 사랑은 순탄하지 않았습니다. 그들을 괴롭히는 사람이 나타나 역경을 겪습니다.

그래도 산방덕 부부는 헤어지지 않습니다. 그들이 불행해진 것 같지만 결국 둘 다 산신이 되어서 오늘까지 산다니까 행복한 부부라고 하겠습니다. 산방산과 한라산을 관련지어 만든 산방덕 이야기는 우리에게 사랑이 얼마나 뜨겁고 위대하고 영원한 것인지를 새삼 생각하게 합니다.

제주도 개국 신화, 곧 삼성 신화를 통해 제주도에 대해 더 알아볼까요?

제주도에 사람이 살지 않던 아득한 옛날, 한라산 북녘 기슭에서 세 아이가 솟아 나왔습니다. 이 아이들은 신 같기도 하고 사람 같기도 한 신인이었습니다. 사냥을 하면서 성장하여 장가갈 때가 되었는데, 여자가 없었습니다. 그래서 여자가 나오기를 간절히 빌었습니다.

하루는 세 신인이 바닷가에 서 있었습니다. 그런데 큰 나무 상자가 떠내려 오는 것이었습니다. 놀라서 상자를 열었더니, 푸른 옷을 입은 처녀 셋이 나왔습니다. 이리하여 세 남자가 세 여자를 만나 가정을 이루었습니다.

세 쌍이 혼인을 했으니 아이들이 태어납니다. 이것은 개인이 가족으로, 가족이 씨족으로, 씨족이 부족으로, 부족이 국가로 발전하는 것을 의미합니다.

바다에서 떠내려 온 큰 나무 상자에는 송아지도 있고 망아지도 있고, 곡식 씨앗도 있었습니다. 바다에서 들어온 세 처녀는 제주도 바깥에 있는 나라, 용왕국의 사람으로 바로 바다 신인 해신이 보낸 것입니다.

세 처녀의 등장이 의미하는 것은 제주도에서 농업과 목축업을 하게 되었고, 어업도 시작하게 되었다는 것입니다.

이렇듯 산천 신화는 단순히 재미있는 이야기로 그치는 것이 아니라 생활과 문화와 관련한 많은 의미를 간직하고 있습니다.

홍수 후에 남매만 살아남았어요

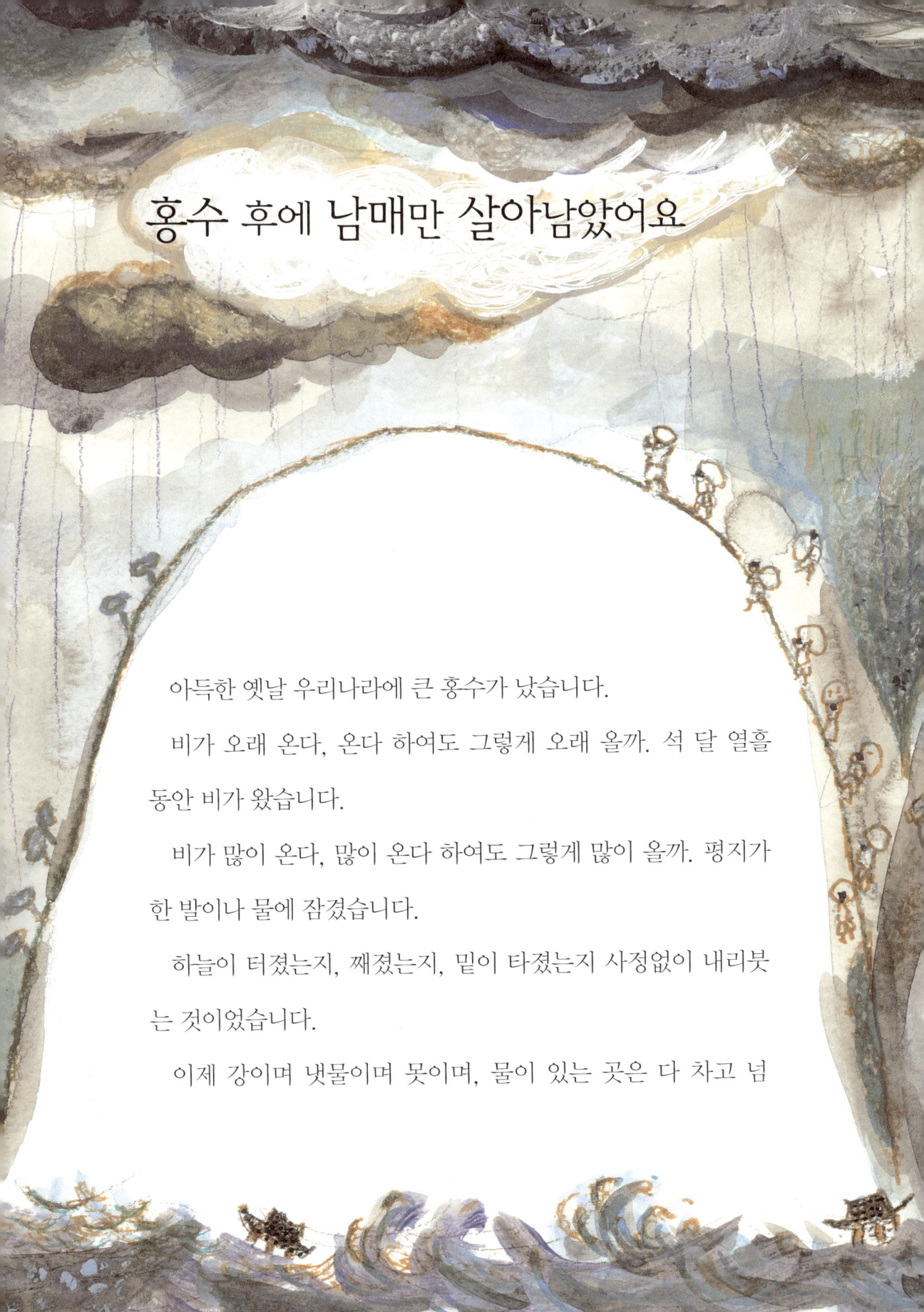

아득한 옛날 우리나라에 큰 홍수가 났습니다.

비가 오래 온다, 온다 하여도 그렇게 오래 올까. 석 달 열흘 동안 비가 왔습니다.

비가 많이 온다, 많이 온다 하여도 그렇게 많이 올까. 평지가 한 발이나 물에 잠겼습니다.

하늘이 터졌는지, 깨졌는지, 밑이 타졌는지 사정없이 내리붓는 것이었습니다.

이제 강이며 냇물이며 못이며, 물이 있는 곳은 다 차고 넘

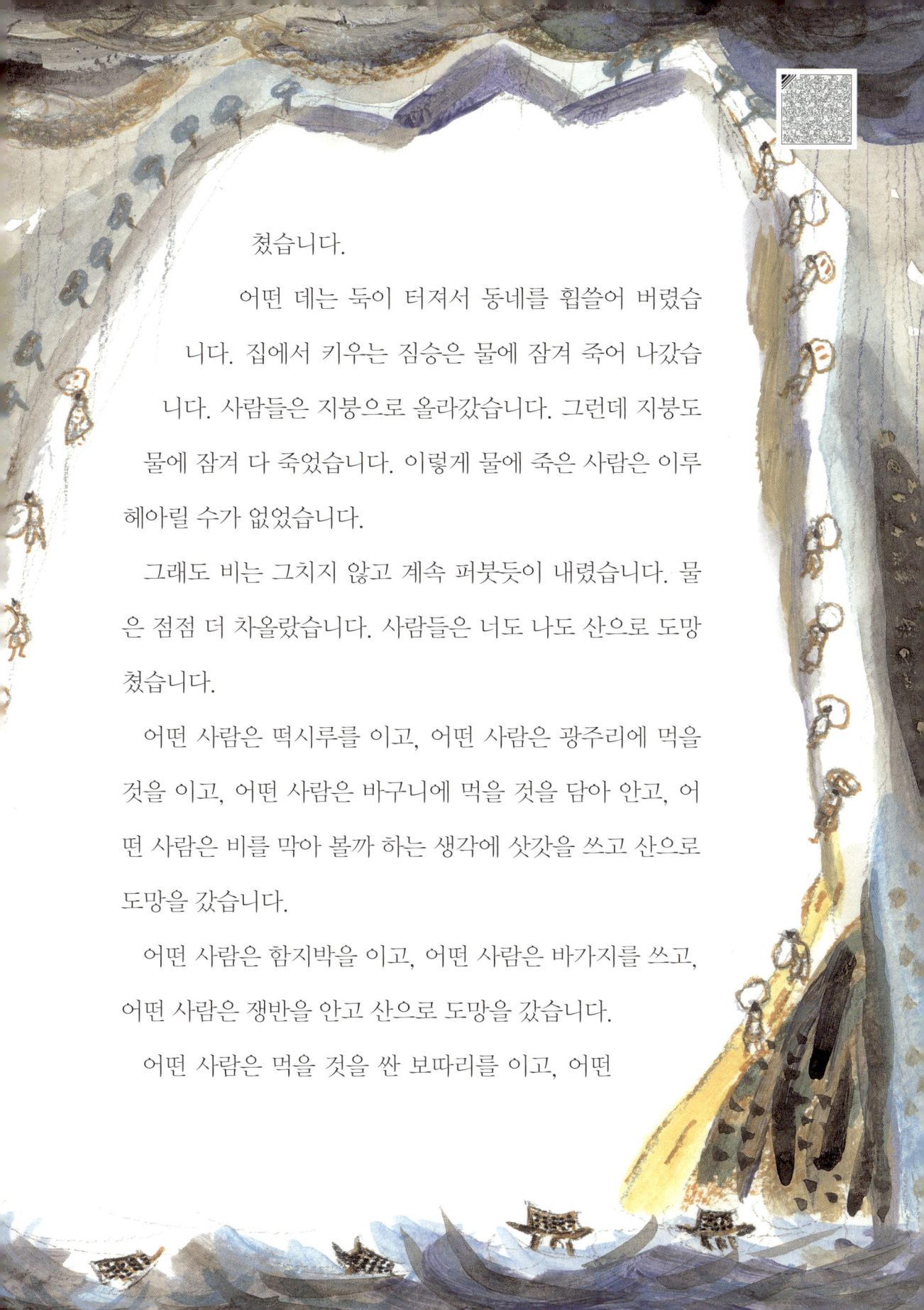

쳤습니다.

어떤 데는 둑이 터져서 동네를 휩쓸어 버렸습니다. 집에서 키우는 짐승은 물에 잠겨 죽어 나갔습니다. 사람들은 지붕으로 올라갔습니다. 그런데 지붕도 물에 잠겨 다 죽었습니다. 이렇게 물에 죽은 사람은 이루 헤아릴 수가 없었습니다.

그래도 비는 그치지 않고 계속 퍼붓듯이 내렸습니다. 물은 점점 더 차올랐습니다. 사람들은 너도 나도 산으로 도망쳤습니다.

어떤 사람은 떡시루를 이고, 어떤 사람은 광주리에 먹을 것을 이고, 어떤 사람은 바구니에 먹을 것을 담아 안고, 어떤 사람은 비를 막아 볼까 하는 생각에 삿갓을 쓰고 산으로 도망을 갔습니다.

어떤 사람은 함지박을 이고, 어떤 사람은 바가지를 쓰고, 어떤 사람은 쟁반을 안고 산으로 도망을 갔습니다.

어떤 사람은 먹을 것을 싼 보따리를 이고, 어떤

사람은 떡 한 덩어리를 안고, 어떤 사람은 솥을 이고, 어떤 사람은 닭을 안고 산으로 도망을 갔습니다.

    어떤 사람은 대추를 한 보따리 이고 안고, 어떤 사람은 작은 그릇인 종지, 즉 종발 하나를 급한 김에 가지고 산으로 피난을 갔습니다.

어떤 사람은 동전 한 꾸러미를 이고, 어떤 사람은 아기를 업고, 어떤 사람은 둥둥 치는 북을 메고 도망을 갔습니다.

어떤 형제는 서로 손을 잡고, 어떤 노인은 혼자서 산으로 도망을 갔습니다. 개가 따라갔습니다. 작은 파리도 사람을 따라 산으로 피난을 하였습니다.

산이나 들에 사는 동물들도 야단이 났습니다.

평소에는 서로 잡아먹느니 잡아먹히느니 하던 크고 작고, 강하고 약하고, 사납고 순한 뭇 짐승들이 이제 다들 제 목숨 하나 살겠다고 다른 짐승에 대한 관심을 버리고 오직 산꼭대기로 피난을 갔습니다.

정말, 무시무시한 큰물 때문에 호랑이든 곰이든 여우든 늑대든 토끼든 새앙쥐든 다람쥐든 간에 다 산 위로 올라갔습니다.

땅 위에 있는 곡식을 쪼아 먹고, 벌레를 잡아먹던 새들까지도 산 위로 피난을 하였습니다. 공중을 날아다니는 새까지 피난을 간다면 그 홍수가 얼마나 무시무시한 것인지 알 만합니다.

비는 계속 왔습니다. 야트막한 작은 산은 물에 잠겼습니다. 그 산으로 피난을 간 사람은 다 죽었습니다.

비는 계속 왔습니다. 제법 높은 산도 물에 잠겼습니다. 그 산으로 피난을 간 사람은 다 죽었습니다.

비는 계속 왔습니다. 아주 높은 산도 물에 잠겼습니다. 그 산으로 피난을 간 사람이나 짐승이나 새까지 다 죽었습니다.

이때 어떤 집에 사는 누나와 남동생이 물에 빠져 죽게 되었을 때

커다란 쌀뒤주에 올라탔습니다.

이 오누이는 맷돌과 먹을 것 약간과 불을 피울 부싯돌을 쌀 뒤주에 넣고 물에 둥둥 떠다녔습니다. 이 오누이는 산으로 도망을 간 것이 아니고 쌀뒤주를 배 삼아서 물이 차오르면 오르는 대로 물 위를 둥둥 떠다녔습니다.

"누님, 이 쌀뒤주가 우리를 살려 주고 있습니다."

"그래, 이제 이것을 배라고 하자."

그들 오누이는 뒤주 배를 타고 살아남을 수가 있었습니다.

비가 줄곧 오니까 산이란 산은 다 물에 잠기고, 사람이고 짐승이고 새고 무엇이든 살아 있는 것은 다 죽었습니다. 풀도 나무도 물속에 잠겨 죽고 말았습니다. 물론 농사를 지을 곡식도 그 종자도 다 없어졌습니다.

이 세상에서 오직 살아 있는 생명체는 이들 오누이 두 사람뿐이었습니다. 오누이는 물 위를 오랫동안 떠다녔습니다. 나중에는 뒤주 배에 고리를 만들어 산꼭대기에 묶어 두었습니다. 그 산이 지금 고리봉이라는 산입니다.

시간이 흘렀습니다. 물은 서서히 줄어 들었습니다. 물속에 잠겼

던 산봉우리가 여기저기 드러났습니다. 그래도 살아 있는 것은 아무것도 없었습니다.

오누이는 이제 배에서 나와 산꼭대기에서 살게 되었습니다. 동생이 눈물을 글썽글썽하면서 말했습니다.

"누님, 살아 있는 것은 다 죽었습니다."

누나도 한숨을 쉬면서 대답을 하였습니다.

"동생, 우리 아버지도 어머니도 돌아가시고, 모든 사람이 다 죽고, 살아남은 사람은 오직 우리 둘뿐이구나."

"누님, 우리까지 죽었으면 이 세상엔 아무것도 살아남은 것이 없을 뻔하였네요. 다행히 뒤주를 배 삼아서 우리 둘은 살아남았지만."

"동생, 천만다행이야. 우리가 살아남은 것은 이 세상에 사람의 종자를 퍼뜨려서 다시 생명 있는 땅으로 만들라는 뜻인지도 몰라."

누나는 기뻐했습니다.

"누님, 그러고 보니 참 다행입니다. 그런데 누가 사람 종자를 퍼뜨려 인류를 이어 가게 하지요?"

"동생, 그야 우리 두 사람이 해야지. 우리 둘……. 아!"

"누님, 우리 둘이라니요?"

그만 누나와 동생은 말을 잇지 못하였습니다. 남남이라면 모를까 친남매 오누이니 어떡합니까? 그 뒤로 이들 오누이는 아무 말도 하지 않았습니다. 도대체 무슨 말을 하겠습니까?

"하늘도 무심하시지. 왜 하필 우리 오누이만 살려 놓았을까? 여러 사람을 살려 놓았으면 서로 혼인하여 자식을 낳고 살 수 있을 텐데……."

이들 오누이는 한숨을 쉬면서 고민을 했습니다. 하지만 고민한다고 해서 죽은 사람이 살아나는 것도 아니고…….

만약 이대로 살다가 늙어 죽으면 이 세상은 어떻게 될까요?

누나와 남동생이 혼인을 한다면 자식을 낳아 사람을 퍼뜨려서 인류를 이 땅에 이어 가게 될 것입니다. 그러나 어찌 차마 그럴 수가 있겠습니까?

생각하고 고민하다가 누나와 동생은 하느님께 빌었습니다.

"하느님, 어찌하여 이 땅에 대홍수를 내서 사람이란 사람은 다 죽게 하고 우리 오누이만 살아남게 하셨습니까? 그렇다고 우리 둘이 부부가 된다는 것은 도리상 안 되는 일이고……. 저희는 이럴 수도 없고 저럴 수도 없고……. 괴로워서 못 살겠습니다. 도대체 하느님은 어떤 생각이십니까? 하느님, 좋은 방법을 알려 주십시오. 제발 가르쳐 주십시오."

그래도 하느님은 아무 말도 없었습니다. 답답한 누나가 다시 하느님에게 기도했습니다.

"하느님, 우리 오누이가 혼인을 하여도 좋은지 시험을 세 번 해 보겠습니다. 혼인을 허락하신다면 하느님이 허락한다는 것을 보여 주십시오."

처음 시험은 이렇습니다.

누나는 이쪽 산봉우리에서 청솔가지 나무를 모아 불을 피워서 연기를 하늘에 올렸습니다. 동생은 저쪽 산봉우리에 가서 청솔가지 나무를 모아 불을 피워서 연기를 하늘에 올렸습니다.

양쪽 산봉우리에서 연기는 곧장 하늘로 올라갔습니다. 그러다 연기는 바로 상대편 쪽으로 구부러지더니 함께 엉켜 버렸습니다.

이 어이된 일입니까? 공중에는 바람이 불고 있는데, 멀리서 피운 두 연기가 엉키다니요? 누나와 동생이 함께 살아도 좋다는 하느님의 허락인 것 같았습니다.

　누나는 아무래도 하느님의 뜻을 더 알고 싶어서 두 번째 시험을 하였습니다.

　누나는 가지고 간 맷돌 중 구멍이 뚫린 암맷돌 한 짝을 저 산 꼭대기에서 아래 골짜기로 굴렸습니다. 동생은 뾰족한 자루가 박힌 숫맷돌 한 짝을 이 산 꼭대기에서 아래 골짜기로 굴렸습니다.

이 어이된 일입니까? 암맷돌과 숫맷돌은 떽데굴 떽데굴 굴러 내려와서 골짜기에서 딱 만나 본디 맷돌대로 합쳐 버렸습니다.

높은 데서 굴러 떨어진 암수 맷돌 둘이 하나로 딱 맞추어지다니요? 암맷돌과 숫맷돌이 합쳐진 것은 오누이의 혼인을 허락하는 뜻인 것 같았습니다.

그래도 하느님의 뜻을 더 알고 싶어서 세 번째 시험을 하였습니다.

접시에 물을 담아 놓고 누나는 자기 손목을 날카로운 차돌로 그어서 피를 한 방울 떨어뜨렸습니다. 동생도 자기 손목을 날카로운 차돌로 그어서 그 접시에 피를 한 방울 떨어뜨렸습니다.

보통 새빨간 피가 물에 떨어지면 퍼져서 붉은 물이 되게 마련입니다. 그런데 접시에 떨어진 누나의 핏방울은 퍼지지 않은 채, 그냥 동그랗게 엉켜 머물러 있었습니다, 동생의 핏방울도 퍼지지 않은 채, 그냥 동그랗게 엉켜 머물러 있었습니다.

그러더니 두 핏방울이 차츰 움직이기 시작했습니다. 오누이의 두 핏방울은 천천히 다가가더니 딱 하나로 합쳐 마치 한 방울인 양 엉겼습니다.

"아, 우리가 연기랑, 맷돌이랑, 핏방울이랑 세 번이나 시험을 하였는데도 이렇게 다 합쳐진 것은 하느님이 우리 둘을 합치라는 뜻인가 보다."

동생도 고개를 끄덕거렸습니다.

이리하여 둘은 혼인하여 부부가 되고 자식을 낳고 살았습니다.

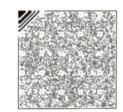

 오늘 우리들은 홍수에서 살아남은 오누이가 혼인하여 자손을 퍼뜨린 덕분에 살고 있는 것이라 합니다.

생각해 봅시다

신화 이야기 ❽ 홍수 신화

홍수 신화에 담긴 의미는 무엇인가요?

홍수 이야기는 세계 온 나라에 거의 다 있습니다. 세계에 전해지는 홍수 이야기를 정리해 보면 홍수가 생기는 이유는 두 가지입니다.

첫째, 신이 인간을 벌준다는 것입니다. 신이 인간의 죄를 참다 못해 홍수를 통해 한두 사람을 살려 두고 다 죽입니다.

둘째, 자연재해를 알려 줍니다. 이 무서운 재난을 당하면서 어떻게 살아남고, 어떻게 하면 다음에 닥칠 홍수를 예방할 것인가를 궁리하게 합니다.

사실 홍수 이야기는 이 두 가지를 다 보아야 제대로 볼 수 있습니다. 홍수는 분명 자연이 준 재난이지만, 왜 하필 그때, 그 지역, 그 사람들에게 생기는가 말입니다. 그러니 홍수가 심판이라면 죄를 짓지 않도록 조심할 것이고, 홍수가 재해라면 머리를 써서 예방할 것이니 홍수에서 살아남기 위해 인간은 이 두 가지를 다 생각해야 합니다.

우리나라 홍수 이야기는, 신의 심판이 아니라 자연이 인간을 공격하는 무서운 재앙입니다. 그런데 세계 홍수 이야기와 같이 우리나라 홍수 이야기에도 혼인해서 아이를 낳을 수 있는, 달리 말하면 인류를 이어 갈 수 있는 남자와 여자 두 사람이 살아남습니다.

전 세계 홍수 이야기를 보면 다양한 형태로 남녀가 살아남습니다. 어린 남매가 솥단지 안에 들어가니 솥이 배가 되어 물 위를 둥둥 떠다니다가 살고, 젊은

　여자 혼자 살아남았는데 살아남은 호랑이가, 또는 물고기가 아직도 깨어나지 못한 남자가 있는 곳을 알려 주어서 찾아가 살리고, 임신한 여자가 혼자 살아나 훗날 아들을 낳습니다.

　그런데 이렇게 살아남은 남녀는 반드시 할 일이 세 가지가 있습니다.

　하나는 인류 존속을 위하여 혼인해야 한다는 것입니다. 세상 사람이 다 죽고 둘만 남았으니 남매라도 어쩔 수 없습니다. 윤리도덕은 잠시 덮어 두는 것입니다. 이때 신은 혼인을 인정할 뿐 아니라 도움을 주어서 인류를 존속하도록 합니다.

　다음은 먹고살아야 합니다. 앞의 이야기에 나오는 남매는 홍수로 죽을 지경에 처했어도 먹을 것과 맷돌을 가지고 산꼭대기로 올라갔습니다.

　셋째로 그들이 할 일은 인류 문화와 문명을 존속시키는 것입니다. 문화와 문명이 있어야 사람답게 사는 것이 아니겠습니까? 남매는 가지고 간 부싯돌로 산꼭대기에서 불을 피웠는데, 바로 문화와 문명을 유지하는 것을 의미합니다.

　이 세 가지는 인류가 홍수 이후, 새로운 사회로 들어간다는 말입니다. 남녀가 혼인하여 자식을 낳고, 먹고, 문명 생활을 시작하면서 새로운 사회를 만들어 갑니다.

　홍수 이야기는 지금의 우리들에게도 희망을 줍니다. 인류는 홍수처럼 정말 죽을 수밖에 없는 일을 만나도 살아납니다. 게다가 자식을 낳고 문명을 이어 갑니다. 이렇듯 사람은 죽을 자리에 처해서도 살 길을 찾을 수 있습니다. 비록 연약한 생명이라도 산다는 그 의지가 얼마나 위대한 것인지, 홍수 이야기를 통해 깨달을 수 있습니다.

04 어린이 인문 시리즈-우리나라 신화 이야기

우리 신화에는 어떤 비밀이 숨어 있을까?

초판 1쇄 발행 2009년 9월 7일
초판 2쇄 발행 2017년 3월 27일

글 | 최래옥
그림 | 허구
펴낸이 | 한순 이희섭
펴낸곳 | (주)도서출판 나무생각
편집 | 양미애 양예주
디자인 | 오은영
마케팅 | 박용상 이재석
출판등록 | 1999년 8월 19일 제1999-000112호
주소 | 서울특별시 마포구 월드컵로 70-4(서교동) 1F
전화 | (02) 334-3339, 3308, 3361
팩스 | (02) 334-3318
이메일 | tree3339@hanmail.net
홈페이지 | www.namubook.co.kr
트위터 | @namubook

ISBN 978-89-5937-178-5 (73910)
     978-89-5937-139-6 (세트)

값은 뒤표지에 있습니다.
잘못된 책은 바꿔 드립니다.